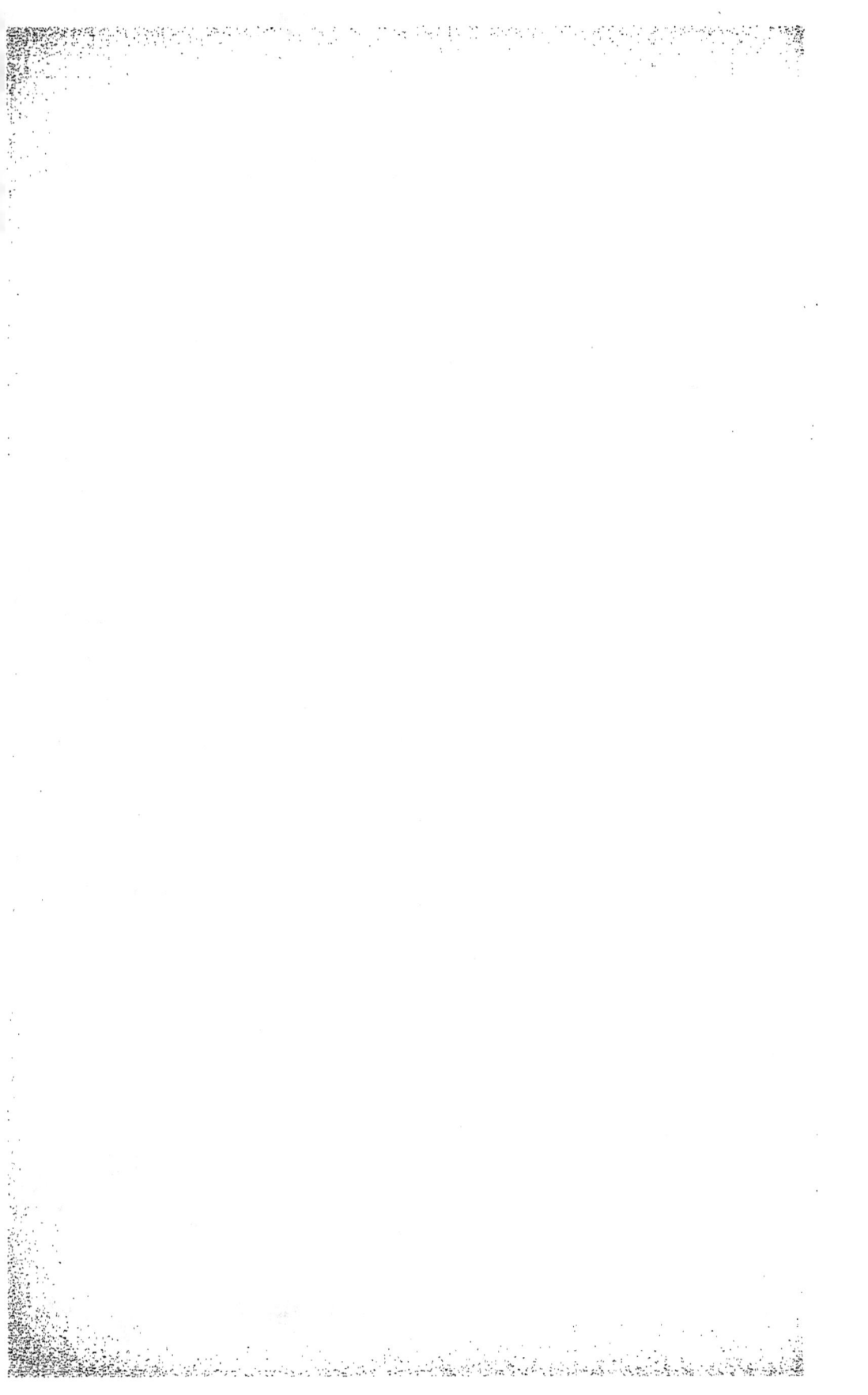

BIBLIOTHÈQUE
DE PHILOSOPHIE CONTEMPORAINE

PESSIMISME, FÉMINISME MORALISME

PAR

CAMILLE BOS

Docteur en philosophie

PARIS

FÉLIX ALCAN, ÉDITEUR

LIBRAIRIES FÉLIX ALCAN ET GUILLAUMIN RÉUNIES

108, BOULEVARD SAINT-GERMAIN, 108

1907

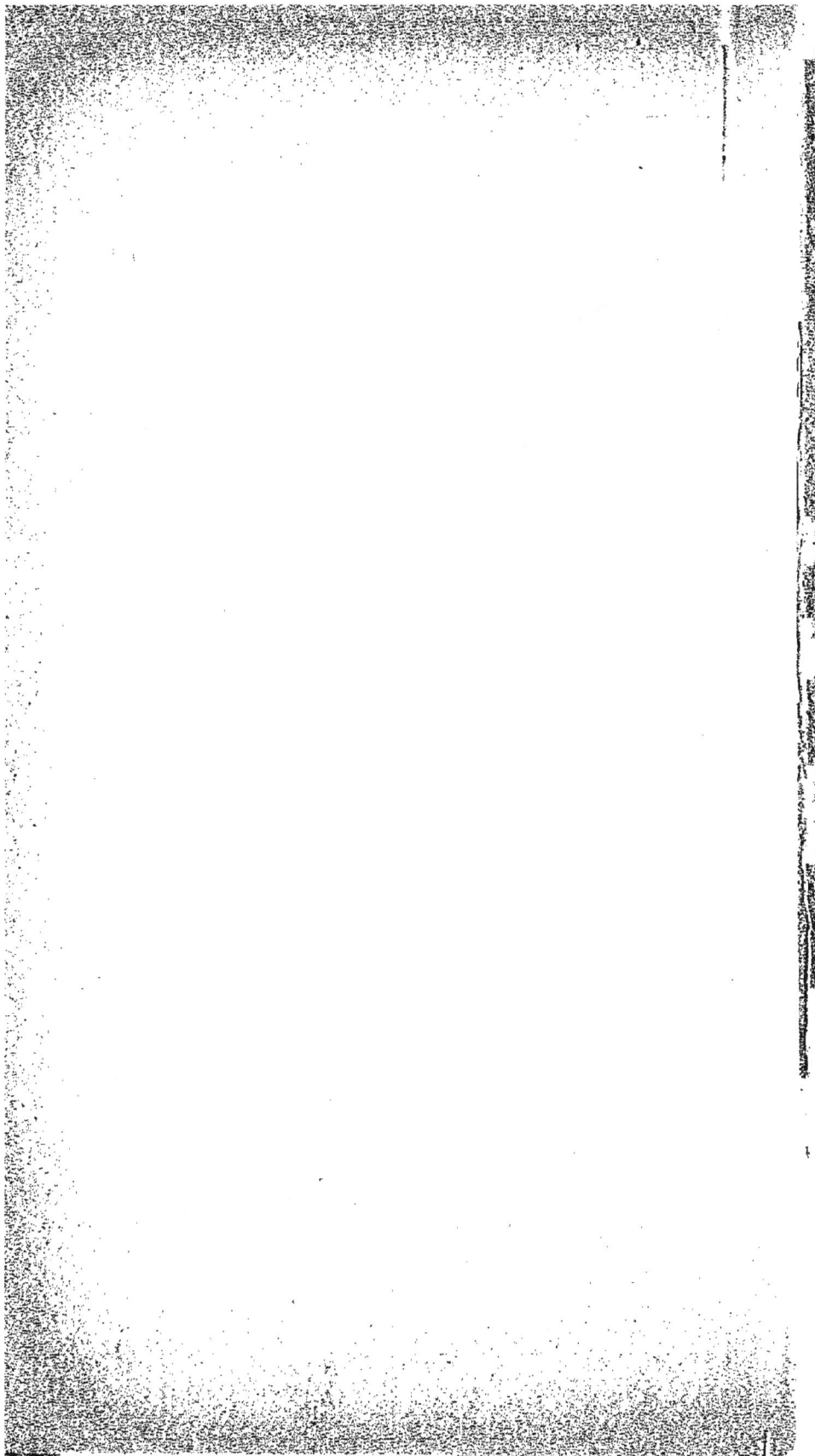

PESSIMISME, FÉMINISME
MORALISME

A LA MÊME LIBRAIRIE

DU MÊME AUTEUR

Psychologie de la croyance, 2e édit. 1905. 1 vol. in-16
  Bibliothèque de philosophie contemporaine. . . . .

PESSIMISME, FÉMINISME

MORALISME

PAR

CAMILLE BOS

Docteur en philosophie

PARIS

FÉLIX ALCAN, ÉDITEUR

LIBRAIRIES FÉLIX ALCAN ET GUILLAUMIN RÉUNIES

108, BOULEVARD SAINT-GERMAIN, 108

1907

PRÉFACE

Le caractère d'une époque demeure em-
preint sur tous les monuments qu'elle laisse,
parmi lesquels ceux de l'art et de la littérature sont les plus éloquents, les plus précieux
à consulter. Je ne parle pas des grands traits
propres à une civilisation tout entière, tels que
l'archéologie les peut faire revivre devant
nous, — je ne songe point à la culture grecque
telle que les marbres du Parthénon la ressus-
citent, — mais, dans un cadre plus restreint,
j'évoque les nuances successives du sentiment,
telles qu'elles se reflètent dans l'art et telles
que certains historiens psychologues savent
les y saisir. Je songe, par exemple, au merveilleux « Miroir de la Vie », de M. de la Sizeranne.

La suite d'images qu'il nous retrace, sur
quatre sujets différents, ou plutôt à propos
de quatre formes différentes de la sensibilité
nous fait assister à une évolution esthétique
qui est, en même temps, une évolution psychologique.

À côté de l'art et de la littérature, il y a
l'histoire, et ici encore, en dehors des caractères généraux d'une période, en dehors des
monuments où elle revit, il y a intérêt à
étudier certaines idées dans leur développement, à les suivre dans leurs destinées.

Quels aspects successifs a revêtu telle conception avant d'atteindre à sa forme actuelle ?
Quels problèmes se sont imposés simultané-
ment aux réflexions d'une même génération ?

À ces questions se rattachent les études sui-
vantes, reflet des préoccupations contempo-
raines à double titre, car une époque est carac-
térisée à la fois par la prédominance de
certains problèmes à elle propres et par la nou-
veauté des solutions apportées aux problèmes
du passé.

Au premier plan des préoccupations con-
temporaines, nous avons cru discerner un certain nombre de questions ramenables à
quelques problèmes centraux, tels que le Pessimisme et le Féminisme ; nous avons cru également démêler, dans l'âme moderne, un certain désarroi, une incertitude due au bouleversement de toutes les valeurs jusqu'alors
acceptées, besoins et doutes que nous avons
exprimés sous le nom de Moralisme.

Nous avons traité le *pessimisme* à la façon
dont le critique d'art mentionné plus haut avait
traité la caricature et le portrait d'enfants ;
nous avons esquissé un chapitre d'évolution
psychologique, ou plutôt nous avons fait halte

à trois moments différents, déterminés par
l'évolution religieuse de l'humanité — puisque
le pessimisme est, selon nous, d'essence religieuse. Nous avons montré que, dans l'antiquité, il reste empirique, c'est-à-dire qu'à l'occasion des événements susceptibles de le
provoquer il se formule dans des expressions
isolées, sans jamais se constituer en système.

Nous avons cherché dans Pascal l'expression du pessimisme chrétien, non que Pascal
soit, à proprement parler, un pessimiste : il ne
le pouvait puisqu'il était chrétien, mais parce
que Pascal a mieux vu qu'un autre toutes les
raisons qu'il aurait eues d'être pessimiste s'il
n'avait été croyant. Chez lui s'effectue un
dédoublement précieux et unique : d'une part,
le croyant qui *veut* croire, de l'autre le penseur et le psychologue merveilleux dont le
scalpel plonge au plus profond de la nature
humaine et qui étale, avec une joie farouche,
toutes les raisons qu'a, d'être pessimiste,
l'homme sans la grâce.

Enfin, c'est à Leopardi que nous avons
demandé les formules du pessimisme athée ;
il nous a paru représenter mieux que tout
autre l'homme dont l'atavisme est chrétien,
l'homme qui *aurait dû* être chrétien, car son
être inconscient garde l'empreinte, tandis que
son intelligence est affranchie. Après ce troisième stade, si notre thèse est juste, il n'y en
a pas de quatrième ; lorsque l'humanité sera
complètement « déchristianisée », elle n'en con-

tinuera pas moins de trouver dans la vie la
souffrance à côté du plaisir, mais elle n'ac-
cordera plus qu'un sens historique au terme
de « pessimisme : les époques à venir ne
pourront plus nou... ré- enter que des attardés
du troisième stade.

Nous n'avons pas traité le *féminisme* de la
même façon, et pour cette raison très simple
qu'il n'y avait pas lieu de l'examiner dans un
passé où il n'existait pas. A défaut d'époques
différentes, nous avons convoqué des dis-
ciplines diverses pour les consulter au sujet du
féminisme. La science nous a paru le condamner, la morale, en dépit de l'apparence, le
désapprouve et la littérature, sur cette question comme sur tant d'autres, plaide tardive-
ment et avec bien des restrictions la cause du
fait accompli.

Enfin, où notre époque trouvera-t-elle la
certitude ? Quel dogme demeure stable auquel
la morale puisse s'appuyer ? Comment notre
âge parvient-il à satisfaire son besoin de croire
et d'aimer ? Telles sont les questions auxquelles le moralisme demande une réponse.

L'humanité ne se passe pas de foi ; si l'esprit de la Révolution a détruit l'autorité
divine de la Bible, il a aussitôt cherché à lui
substituer celle de la raison ; nous n'élevons
plus de cathédrales, mais il nous faut des monuments où nous puissions abriter notre
croyance et célébrer le culte rationnel à défaut
du culte religieux. Le plus bel essai de morale

laïque est, en ce sens, le livre de Maeterlinck ;
cependant, j'ai essayé de montrer que l'auteur
n'avait pas encore réussi à édifier une morale
réellement nouvelle, et que sa « Sagesse »,
dans ses plus belles envolées, ne faisait qu'ef-
fleurer la charité chrétienne.

Faut-il, en attendant que se constitue une
morale théorique, prendre notre point d'appui
sur la bonne loi naturelle et satisfaire aux
seuls impératifs pratiques? Mais les devoirs
de famille ne sont pas toujours chose précise ;
les liens du sang ne nous obligent peut-être
pas plus que d'autres et la notion de parenté
nous paraît aller toujours s'élargissant.

Si la famille est encore quelque chose de
trop conventionnel pour satisfaire à notre
besoin d'absolu, pouvons-nous espérer qu'en
libérant le cœur de toute règle, il nous orien-
tera vers le point stable que nous cherchons
en vain? Cependant l'amour lui-même nous
déçoit, il a subi, lui aussi, une évolution psychologique et si le critique d'art que j'ai déjà
cité voulait nous parler des peintures d'amour,
il devrait, cette fois encore, constater que le
type des amoureux a changé, ainsi que les
sentiments qu'ils éprouvent et nous font partager. A défaut du peintre, ce sont les penseurs,
ce sont les romanciers et les auteurs drama-
tiques qui nous font assister à cette évolution
éternelle de l'amour.

Ce qui s'est dégagé pour nous de ces études
n'est cependant pas le découragement. Il nous

a paru de bon augure pour notre époque que
les problèmes indiqués y passionnent les esprits
et y soient abordés avec de si profondes convictions. La solution définitive n'est peut-être
pas dans une réponse immuable, mais dans la
sincérité et l'effort croissants avec lesquels la
recherche sera poursuivie... indéfiniment.

Quelques-unes des questions traitées ici
avaient déjà été abordées dans des articles
antérieurement parus ; certaines de ces études
primitives n'ont été que légèrement modifiées ;
trois d'entre elles, au contraire, n'ont, avec
celles qui paraissent aujourd'hui, presque rien
de commun que le titre. Nous avons, en outre,
souligné par des aperçus nouveaux le lien qui
rattache l'un à l'autre les sujets abordés, — de
sorte que notre travail actuel, depuis longtemps ébauché, ne nous paraît dater que
d'hier.

C. B.

PESSIMISME

C. BOS.

1

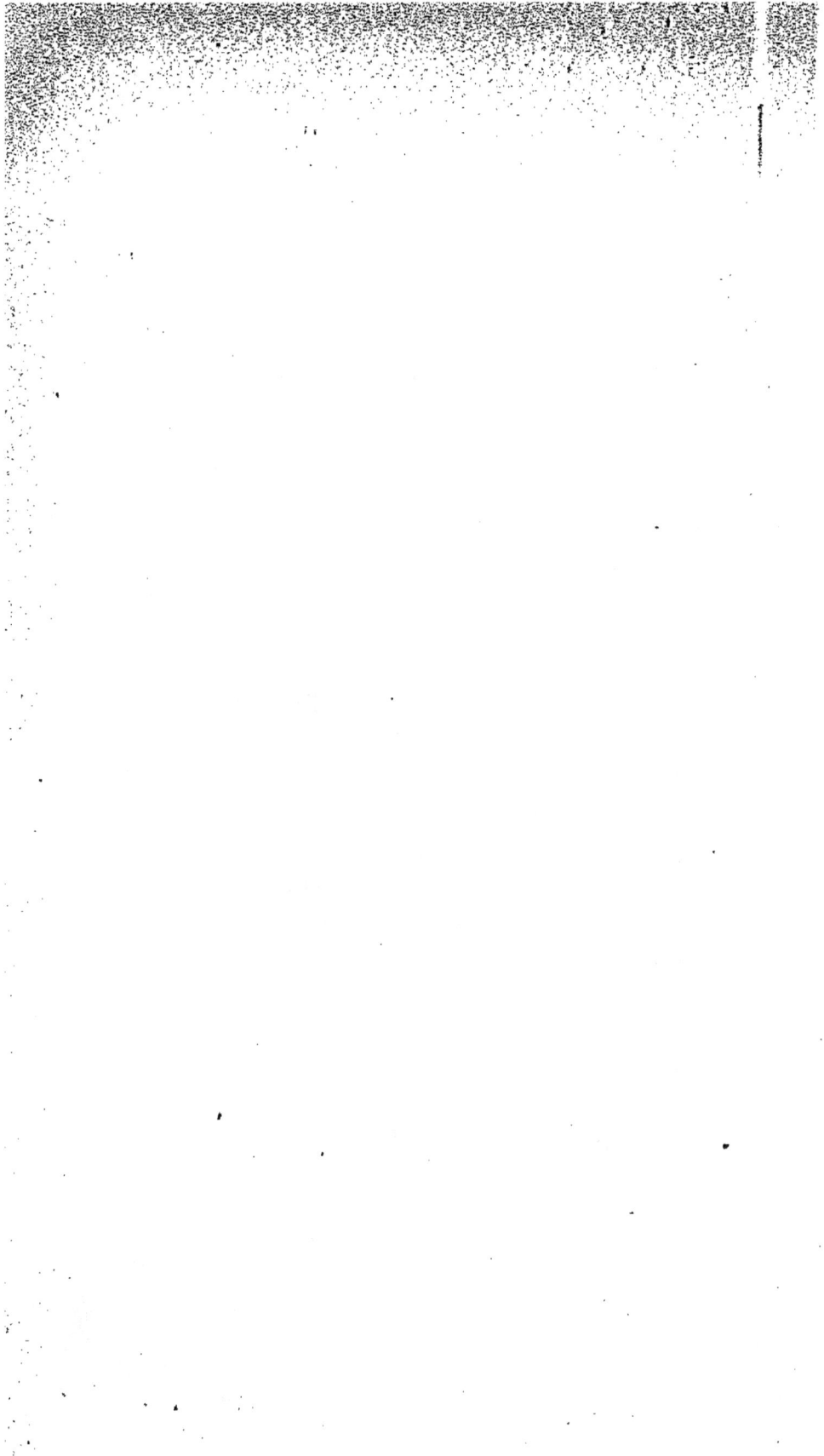

LE PESSIMISME DANS L'ANTIQUITÉ

PESSIMISME PAÏEN

On a coutume de traiter le pessimisme comme
un mal tout moderne, volontiers on le dirait inventé
par Schopenhauer et on l'explique, — sinon par
la pathologie mentale — du moins par des raisons
ethniques, économiques ou sociales : bref, par l'état
actuel de la civilisation. C'est là, évidemment, une
opinion exagérée ; elle ne l'est cependant pas
autant qu'on le croirait, ou plutôt c'est une manière
de voir qui n'est pas inexacte, à condition qu'on
l'exprime autrement et qu'on se rende compte des
faits sur lesquels elle repose.

Ce qu'il est exact de dire, c'est que le pessimisme, en tant que conception systématique de la
vie, n'est pas d'origine antique, que c'est un mal
moderne [1] ; mais ce qu'il faut se garder d'oublier,
c'est que la racine de ce pessimisme plonge cepen-

---

[1]. On pourrait être tenté d'objecter que cette conception
remonte au bouddhisme. Mais il faut prendre garde que
si, du bouddhisme on peut *extraire* le pessimisme, la doctrine en elle-même n'était pas pessimiste, parce que la
métaphysique ne se séparait pas de la religion. On peut
entrer dans le Nirvana — c'est-à-dire réaliser le bonheur
— dès cette vie. Le bouddhisme, comme tout système
religieux, pose une certitude et part d'un axiome : à

dant jusqu'à l'origine du christianisme, de sorte
que, si le phénomène est d'apparition récente, c'est
qu'il a été tenu longtemps en suspens, mais il n'en
était pas moins préparé de longue date et pour
le comprendre nous ne devons pas moins nous
reporter dix-neuf siècles en arrière.

Le pessimisme dans l'antiquité n'est jamais une
conception de la vie, une *Lebensanschauung* : nous
essaierons de comprendre pourquoi. Néanmoins,
on démêle à travers les systèmes grecs les traces
d'un pessimisme qui s'ignore et se condamne : nous
passerons rapidement en revue ces systèmes et
nous verrons comment ils échappent aux conclusions où ils semblaient devoir aboutir. Enfin nous
nous demanderons, pour terminer, pourquoi il y
a entre les expressions pessimistes isolées des Anciens et le pessimisme moderne un abîme si profond — et sous quelle influence cet abîme s'est
creusé.

I

Que le pessimisme ne constitue jamais dans l'antiquité un système, une *Weltanschauung*, cela est
à peu près admis[1], mais cela est assez curieux
pour qu'on en recherche les motifs, d'autant plus

savoir que *le bonheur est*. On ne pourrait trouver le pessimisme que chez des bouddhistes libres penseurs qui, de
leur religion, auraient conservé la conception de la vie
et perdu la foi : c'est précisément cette dissociation qui
me paraît constituer l'état d'âme moderne dans le monde
chrétien.

1. Nous nous rencontrons sur ce point avec M. Caro
(*Le pessimisme au XIX* siècle*), qui ne considère les plaintes
des anciens que comme des accidents individuels et se
refuse à y trouver une conception systématique de la vie.
(P. 3 et suiv.)

qu'en les analysant on aboutit à une conclusion un peu inattendue. Il ne faut pas, en effet, se fier trop à l'apparence. Si le pessimisme ne peut avoir d'existence officielle dans l'antiquité, on n'y trouve pas moins sa trace, mais ce n'est encore qu'un enfant naturel non reconnu, que l'ère chrétienne seule légitimera.

Le caractère même de leur éthique nous explique que les Anciens aient souvent été bien près d'atteindre — et qu'au fond ils n'aient pas réalisé — le pessimisme. Ce caractère dominateur, en effet, c'est l'eudémonisme. Le Souverain Bien, partout et pour tous, est le bonheur, — c'est-à-dire que l'humanité en est encore à ce premier stade d'illusion caractérisé, selon Hartmann, par ceci, que le bonheur est tenu pour réalisable sur cette terre et par chacun au cours de sa vie individuelle. Mais l'eudémonisme est un terrain sur lequel un système pessimiste n'a guère chance de pousser : il s'y réduit à une impatience, ou à un dédain de grand seigneur qui, ayant trop joui, ne veut pas déchoir en jouissant moins. Et surtout, — c'est là le vrai sens de l'eudémonisme antique, — il est une certitude, une confiance spontanée et par là il exclut le découragement, le doute désillusionné qui font la base du pessimisme.

En revanche, quand la fin assignée à la vie humaine est le bonheur, il est inévitable qu'on soit déçu et frappé d'autant plus des tristesses de l'existence qu'on s'attendait à n'y trouver que joies. S'il est, en outre, exact que la sensibilité à la douleur (physique et morale) soit en raison directe du développement intellectuel, on peut imaginer avec quelle acuité l'auront ressentie les Grecs, affinés

par une si merveilleuse culture ! Il leur faudra donc
biaiser, ruser, pour ainsi dire, avec la vie et nous
verrons que dans ces procédés se glisse, inconscient et inavoué, une certaine sorte de pessimisme.

C'est cette double attitude que nous retrouvons
chez les Grecs, partout où l'on a cru voir le pessimisme.

Je n'insisterai pas sur Empédocle [1] : les fragments que nous avons de lui se réduisent à trop
peu de chose et la note de son pseudo-pessimisme
se retrouvera, d'ailleurs, chez les poètes ultérieurs.
Mais ce que nous savons de la vie, de l'activité, du
prestige de l'homme ne nous empêche-t-il pas de
tenir Empédocle pour un désespéré ? Ce sont les
romantiques modernes qui ont voulu voir en lui
un autre Prométhée, mourant d'avoir connu de
trop près la vérité : c'est là une fiction de poète [2],
non une page d'histoire de la pensée grecque.

De même pour le Cyrénaïque Hégésias qui, dans
son livre du *Désespéré*, aurait déjà, selon M. Caro,
employé tous les arguments chers à Schopenhauer.
Le danger d'un pareil rapprochement nous appa-
raîtra d'autant mieux quand nous aurons démêlé
ce qui distingue le pessimisme antique du moderne.

Il serait d'ailleurs superflu de chercher le pessimisme dans la philosophie de Socrate ou celle de
ses disciples. Le socratisme, avec sa belle confiance

1. D'autant moins que son pseudo-pessimisme se rattache aux conceptions orphiques et pythagoriques, lesquelles ne sont pas d'origine purement grecque, mais partiellement orientale. Peut-être même est-ce l'introduction
de cet élément étranger qui est cause de la contradiction,
de la dualité de direction si souvent constatées dans la
philosophie d'Empédocle. (Cf. Gomperz, *Griechische Den-
ker*, 1ᵉ Aufl., p. 202.)
2. Cf. l'Empédocle d'Hölderlin.

dans la vérité, avec la sécurité que lui fournit le
concept, fonde en réalité l'*optimisme* et le même
Socrate, que Nietzsche accuse d'avoir introduit le
rationalisme dans la Grèce dionysiaque, est encore
responsable d'avoir formulé l'eudémonisme. Sa
maxime signifie : « Ne t'inquiète pas de l'Univers,
tâche uniquement à connaître tes besoins pour les
satisfaire, recherche ce qui est utile à ton bonheur. »

A son tour, Platon ne s'écartera pas de cette
direction et c'est en vain que, pour les besoins de
son système, parce qu'il voudra faire du philosophe grec son devancier, Schopenhauer[1] cher-
chera à exempter Platon du péché d'eudémonisme.

Il faut arriver aux systèmes post-aristotéliciens
pour trouver l'apparence, au moins, du pessimisme. On peut se poser le problème pour trois
groupes de philosophes : les Stoïciens, les Épicuriens et les Sceptiques.

Bien qu'on puisse sans trop de peine relever des
propositions pessimistes dans les écrits des Stoïciens (chez Sénèque, chez Marc-Aurèle même, pour
lequel le terme de mélancolie me paraît préférable), on n'est pas, cependant, en droit de dire
« que les Stoïciens avaient une tendance à s'abandonner aux idées *les plus désolées du pessimisme* »,
ni que « le résultat pratique de la doctrine était le
désespoir du bonheur, sous quelque forme que ce
fût[2] ».

Parce que les Stoïciens étaient très sérieux, ils
ont dû éprouver (mieux peut-être que leurs devan-

---

1. *Le Monde comme Volonté*, suppléments au livre I,
chap. XVI. (F. Alcan.)
2. James Sully, *Le Pessimisme*, p. 41. (F. Alcan.)

ciers) tout le poids des tristesses que la vie traîne inévitablement à sa suite. Ont-ils cependant déclaré que cette vie fût un mal, se sont-ils dits malheureux ? Jamais. Nous pouvons soutenir qu'ils ne furent pas pessimistes même avant d'avoir recherché pourquoi ils ne le furent pas.

Et cela, nous croyons pouvoir le résumer d'un mot : c'est la nature de leur religion, en tant que celle-ci ne se distinguait pas de leur philosophie, qui les a sauvegardés du pessimisme. Les Stoïciens, comme tous les Anciens, plus peut-être que les autres, furent des intellectualistes. Leur Dieu, c'est la Raison répandue partout dans l'Univers et atteignant chez l'homme un plus haut degré de *tonos* que dans le reste du monde. De là s'ensuit qu'il dépend de l'homme de se rapprocher de Dieu jusqu'à l'égaler, (à le dépasser presque), et que le bonheur est réalisable au sein des pires tourments, puisque ce bonheur réside dans le seul exercice de la raison, que rien ne peut entraver.

Enfin, puisque Dieu est impersonnel et n'a pas donné de commandement, puisque ce Dieu est aussi présent dans la nature que dans l'esprit humain, il s'ensuit qu'on peut toujours le retrouver en passant d'une forme d'existence à l'autre, et que l'*exagogè* est une ressource toujours prête. Le moyen d'être très pessimiste, lorsque la vie est considérée comme un banquet et qu'au cas où l'on y serait trop mal placé, on a la permission de gagner la porte sans avoir rien à redouter de l'autre côté !

Remarquons, d'ailleurs [1], que, lorsque les Stoïciens se tuent, ce n'est pas à force d'être malheureux,

1. Au reste, quelle qu'en soit la cause, nous pouvons dire avec Çakia Mouni et Schopenhauer que le sui-

est pour échapper à des conditions dans lesquelles l'exercice de la raison leur est rendu impossible.

Mais s'ils n'ont pas abouti au pessimisme, les Stoïciens ne s'en sont pas moins rapprochés[1]. En ce qui les concerne personnellement, étant donné leur système, ils ne *pouvaient* pas, aussi n'ont-ils pas *voulu* conclure au pessimisme ; mais au prix de quelle raideur, de quelle tension, de quel orgueil l'ont-ils évité, c'est ce qu'on leur a suffisamment et trop injustement reproché. Leur affirmation optimiste sent le défi, c'est une gageure qu'ils ont tenue, mais ils n'ont gagné la partie qu'à l'aide d'un double procédé pessimiste.

Et d'abord, — nous y insisterons davantage en parlant des Épicuriens, parce que le procédé chez eux sera plus significatif encore, — les Stoïciens n'ont évité les blessures qu'en fuyant la bataille, ils ont procédé par élimination et *voulant* l'optimisme, ils ont successivement fermé toutes les portes par où pouvait entrer le pessimisme, de sorte que l'état

cide n'est qu'un amour de la vie porté jusqu'à la haine de ce qui l'entrave, c'est-à-dire de la douleur. Le suicide ne prouve donc pas du tout le pessimisme, il ne condamne de la vie qu'une phase difficile à traverser et que l'individu n'a pas la patience de supporter. Mais si l'on n'avait jamais connu la douceur de vivre et si l'on ne croyait pas que cette condition doive être l'ordinaire, on ne se tuerait pas.

1. Leur système nous achemine vers le christianisme, en ce que pour conduire l'homme au bonheur, il le détache déjà de tous les biens. Cependant, le stoïcisme ne violente pas l'homme « naturel » au point de lui faire quitter tous les plaisirs, de lui montrer en eux des obstacles ; et de même, il ne renvoie pas l'homme à un autre monde, il ne veut que l'élever à la région supérieure du monde de la raison, qui est celui même dans lequel nous vivons. L'abîme est donc ici moins grand, qui sépare l'homme du bonheur, mais ce bonheur est déjà l'œuvre de la foi, c'est-à-dire de la *volonté*.

final, le Souverain Bien, est un bonheur fait de
renoncements systématiques ; c'est presque un pessimisme qui, ne voulant pas s'avouer, invoquerait
cet argument que les joies rationnelles sont seules
inaltérables. Mais peut-être est-ce malgré tout être
vaincu, que de fuir le champ de bataille et de se
retirer sur un terrain neutre, car ce n'est pas là
qu'a eu lieu le combat et l'on ne peut occuper cette
situation qu'après qu'il est passé. Comment se sont
comportés les Stoïciens sous les coups ?

Ici encore, ils ont « rusé » avec le pessimisme.
Schopenhauer parle des « arguments sophistiques »
et de l' « échappatoire » auxquels ils ont dû recourir[1]. Et il faut bien reconnaître qu'il a raison. Car les Stoïciens ont ressenti les coups du
sort aussi cruellement que pourraient le faire les
modernes et la preuve qu'ils en ont souffert tout
comme ceux-ci, c'est que lorsqu'ils ont cédé au
premier mouvement, ils ont laissé échapper des
plaintes aussi douloureuses, aussi pessimistes[2]. Ils
pouvaient, en effet, nier la douleur en tant que
« mal » : c'était affaire à leur jugement ; mais ils
ne pouvaient la nier en tant que « sensation », car
c'était affaire à leur corps et moins que tout autre
ces sensualistes pouvaient contester les données
corporelles.

1. *Op. cit.*, suppl. au 1ᵉʳ livre, chapitre XVI (Sur l'usage
pratique de la raison et sur le Stoïcisme).
2. Témoin le philosophe Possidonius qui, « pressé d'une
si douloureuse maladie qu'elle lui faisait tordre les bras
et grincer les dents, pensait bien faire la figue à la douleur pour s'écrier contre elle : Tu as beau faire, si ne
dirai-je pas que tu sois mal. Il sent les mêmes passions
que mon laquais, mais il se gendarme sur ce qu'il contient
au moins sa langue sous les lois de sa secte. » (Montaigne,
Essais, livr. II, ch. XII.)

C'est en ne considérant que ce premier mouvement, ce cri spontané, qu'on peut dire avec J. Sully
que les Stoïciens furent pessimistes. Mais on est
induit en erreur dès qu'on oublie que là n'est pas
la réponse décisive des Stoïciens à la douleur, et
que ce sont les moins spontanés des hommes.

Ils se reprennent, en effet, ils corrigent leur
premier mouvement comme un *lapsus linguæ*, mais
le second seul est optimiste et il coûte un tel effort
qu'il n'arrive pas toujours à se constituer. Ainsi
l'on peut conclure en disant que chez les Stoïciens
l'homme naturel, malgré ses convictions éthico-
religieuses, a été pessimiste — tandis que le
croyant, l'adepte du système, seul, s'est élevé, parfois seulement, jusqu'à vivre ses théories.

J'ai dit que chez les Épicuriens le procédé désespéré auquel nous avons vu les Stoïciens recourir
était encore plus significatif. N'est-il pas curieux,
en effet, que cette morale, (qu'on croit d'ordinaire
si facile et voluptueuse), ne puisse sauvegarder le
plaisir qu'en le faisant négatif, en supprimant
toutes les passions, en restreignant la vie au strict
nécessaire ? Bref, le plaisir d'Épicure n'est-il pas
tout autre chose que ce que nous entendons par là,
d'où les nombreuses méprises auxquelles cette
Éthique a donné lieu ? Le souverain bien ne s'ob-
tient-il pas en chloroformant l'âme ?

La tentation de céder au pessimisme devait être,
d'ailleurs, plus grande encore chez les Épicuriens
que dans l'École du Portique, car leur philosophie
contient plus de motifs de tristesse. C'est le Hasard, en effet, une aveugle combinaison d'atomes
qui fait notre monde ce qu'il est ; les Épicuriens ne
croient pas en une Providence qui aurait organisé

tout pour le mieux, dans le meilleur des mondes possibles et lorsqu'ils tournent leurs regards vers l'avenir, ce qu'ils y voient, c'est la déchéance de toutes choses :

... Sous le poids des ans, la nature succombe
Et comme nous, mortels, s'achemine à sa tombe.

Non seulement c'est le contraire de la croyance moderne au progrès, (le troisième stade d'illusion de Hartmann), mais ce n'est pas même la confiance des Stoïciens en un ordre parfait et stable. Lucrèce va jusqu'à prédire la fin du monde et la terreur désespérée de l'an mil a son origine dans l'épicurisme[1]. Nous sommes donc tout près du pessimisme et M. Martha a pu conclure que la « véritable réfutation de la doctrine qui prêche la volupté, est la tristesse de son plus grand interprète ».

Et pourtant, pas plus que les Stoïciens, les Épicuriens ne furent pessimistes. Quand on fait d'eux des mélancoliques, on cède à la tentation de moderniser les Anciens, — tentation qui, dans ce cas encore, conduit à un contresens.

Lorsqu'on n'a pas l'idée que les choses pourraient être autrement qu'elles ne sont, on ne se désole pas. La tristesse peut être « dans le système », comme dit M. Martha, elle n'est pas dans les hommes. Et d'ailleurs si l'homme se reflète dans sa croyance, la croyance elle aussi façonne les hommes ; celle des Épicuriens avait fait d'eux des êtres « à l'imagination insensible et sèche[2] ».

Lucrèce a les accents mélancoliques d'un penseur

1. Cf. Martha, *Le poème de Lucrèce*, p. 325.
2. *Op. cit.*, p. 332.

profond et surtout d'un grand poète ; il juge la vie triste, mais n'a pas contre elle l'amertume caractéristique des pessimistes modernes. Il ne regrette rien, « il est content de sa doctrine, n'en désire pas une meilleure. On ne trouverait peut-être pas un exemple d'une conviction si entière, d'une foi si pleine... » Est-on pessimiste avec cela ?

Épicure s'est dit heureux et nous pouvons l'en croire. Si les procédés qu'il a employés pour l'être nous paraissent tristes, ils ne semblaient pas tels à des hommes qui les tenaient pour les seuls moyens d'arriver à la seule fin désirable, — l'eudémonie, — et qui ne songeaient pas, (ils n'y pouvaient pas songer avant le Christianisme), que ces moyens étaient un pis-aller, que l'homme aurait pu arriver au bonheur par d'autres routes, si la nature humaine n'était pas déchue : bref, que l'homme devait s'en prendre à lui-même des tristes conditions de son bonheur.

Quant aux Sceptiques, on pourrait à première vue être tenté de croire qu'avec eux apparaît véritablement le pessimisme. Car nos modernes pessimistes volontiers affectent des allures sceptiques et nous invitent à penser que c'est de leur intelligence trop tôt désabusée que provient leur souffrance.

Cependant, à y regarder de plus près, on s'aperçoit du malentendu qui risquerait de nous induire en erreur. Car on pourrait presque dire, en renversant les termes, que les Sceptiques n'ont pu être tels que parce qu'ils *n'étaient pas pessimistes*. Ceux, en effet, qui déclarent la vie un mal épouvantable ont, par là même, une croyance assez nette ; affirmer qu'on est malheureux, c'est une des manières les plus positives d'affirmer une opinion ;

car c'est l'énoncer, non seulement par le jugement, mais avec la personnalité tout entière. On peut dire que ce qui empêche d'ordinaire le scepticisme de se constituer, c'est l'impossibilité où sont les hommes de n'être ni optimistes, ni pessimistes. Et si, parmi les Anciens, il y eut des Sceptiques, c'est qu'il y eut des hommes qui réalisèrent l'*adiaphorie*, cette indifférence presque impossible en pratique et qui exclut, comme son contraire, le pessimisme.

Pour parler exactement, nous devrions donc dire que le scepticisme absolu, en raison même de sa définition, n'est ni pessimiste, ni optimiste et que, de cet idéal, l'antiquité s'est rapprochée autant que possible. Cependant, l'équilibre parfait étant presque irréalisable, on peut distinguer entre le scepticisme à *tendance pessimiste* et celui dont la *tendance est optimiste*. C'est incontestablement ce dernier genre qui a été réalisé par l'antiquité, — au prix d'une légère inconséquence. Car dans un système où l'on ne devait croire à rien, *on croyait cependant le bonheur possible* et on le réalisait : l'âme grecque pouvait, dans le scepticisme, trouver l'eudémonie et les Pyrrhoniens, comme les Académiciens et les Empiristes, furent heureux. Il suffit de les écouter : « Non seulement nous ne luttons pas contre la vie, mais même nous combattons à ses côtés et nous nous conformons sans restriction à ce qu'elle confirme [1]. »

Ils ont démontré qu'eux seuls réalisaient le bonheur et que c'était *au dogmatisme que le pessimisme était inhérent*, parce que le dogmatisme impliquait la souffrance du désir et de la crainte. Ils

---

1. Sextus Emp. (in Richter, « *Der Skeptizismus in der Philosophie* », t. I, p. 206.)

ont essayé d'établir que, même dans le cas des dou-
leurs physiques — inévitables —, ils souffraient
moins que d'autres en quantité et en qualité, parce
qu'ils souffraient avec mesure. (Théorie de la *me-
triopatheia*.)

D'ailleurs le scepticisme, au début du moins,
avec Pyrrhon, n'a pas de théories : il n'a que des
recettes en vue du bonheur, ce qui implique qu'il
le croit possible. Et, en effet, on ne discute pas
sur le bonheur, on le tient pour un besoin au même
titre que la faim, et on indique simplement les
moyens les plus sûrs pour satisfaire à ces besoins.
Qu'importe que les joies et les biens soient quali-
fiés, comme les instincts et les sentiments, de « phénomènes », si leur existence n'est pas contestée et
s'il se trouve un chemin qui conduise jusqu'à eux ?

Les Sceptiques antiques ne préjugeaient rien
quant au fond de l'être : la Vie était une Incon-
naissable, en soi peut-être bonne, peut-être mauvaise — en tout cas dont nous pouvions disposer
de telle manière qu'elle nous rendît heureux. Les
Sceptiques modernes sont plus près d'affirmer que
le fond de l'être est mauvais, leur tendance est nettement pessimiste et leur inconséquence consiste
à croire que le bonheur *devait* être possible, et que
la vie est coupable de les en avoir frustrés. De là
discordance entre ce scepticisme incomplet et les
besoins de l'âme moderne résulte la souffrance.

Les Sceptiques anciens ont donc seuls résolu ce
tour de force de *vivre* leur scepticisme, d'accorder
leur pratique avec leurs théories, leurs désirs avec
leurs recettes. Mais il n'en est pas moins vrai que
la source même où le pessimisme moderne puisera
ses raisons *théoriques* se cache sous les arguments

sceptiques. C'est que le scepticisme indique la mort de la croyance dogmatique impliquée dans les systèmes antérieurs et ce doute, par où Pyrrhon se distingue de toutes les écoles, constitue « Un premier commencement : la doctrine pyrrhonienne apporte une idée nouvelle, une nouvelle manière de résoudre les problèmes philosophiques [1]. »

Elle apporte en même temps le germe d'un pessimisme qui s'ignore ; elle procède, en effet, d'une conception de la vie et du bonheur qui trahit la lassitude et la désillusion. Il est triste de n'être heureux qu'au prix de la diète prescrite et l'on s'aperçoit que le pyrrhonisme s'est formé au contact de l'ascétisme, c'est-à-dire du renoncement hindou.

Cependant, dans le scepticisme comme ailleurs, l'axiome eudémoniste exclut, en tant que système, le pessimisme.

Si l'on n'affirme plus qu'*en elle-même* la vie soit un bien, on reste persuadé qu'un traitement approprié la fera paraître telle et la rendra fort acceptable.

Grâce à cela, l'antiquité a pu opposer à la *questio juris* une fin de non-recevoir, mais la *questio facti* s'est imposée et le pessimisme, informe et inconscient, a fait son apparition.

Sans doute, à la question de fait, on est autorisé à répondre que les Anciens vécurent en optimistes, qu'ils n'éprouvèrent pas ce qu'éprouvent nos modernes pessimistes, et qu'ils se trouvèrent heureux. Mais à quel prix et comment y arrivèrent-ils ? Partis de cet axiome de croyance que l'homme est né pour être heureux sur terre, ils durent subordon-

1. Brochard, *Les Sceptiques grecs*, p. 50.

ner la pratique à la théorie, ils cherchèrent les
moyens de réaliser cette fin et c'est dans ces
moyens, dans cette diète morale qu'on retrouve le
pessimisme. Il arriva aux philosophes ce qui était
arrivé au peintre Apelles : celui-ci, voulant repro-
duire l'écume d'un cheval et n'y pouvant parvenir,
jeta de dépit son éponge humide contre son tableau.
L'écume se trouva très bien figurée. — Le bonheur
que tous croyaient possible, à la poursuite duquel
tous s'acharnaient, de plus en plus clairement est
apparu irréalisable : les Sceptiques, en désespoir
de cause, renonçant à le poursuivre, le rencon-
trèrent.

Il est à remarquer que le grand problème, pour
les Anciens, qui furent cependant des intellectualistes, ce n'est pas un problème d'ordre intellectuel,
ce n'est pas la théorie de la connaissance : c'est la
question du Souverain Bien. Ces optimistes se
sont vite aperçus que le bonheur ne se réalisait pas
de lui-même et que la vie ne l'entraînait pas fatalement à sa suite. Si, dans l'antiquité, l'optimisme
avait été sans mélange, on n'y rencontrerait pas de
théories du Souverain Bien : il en irait, comme dans
l'école de Manchester, on « laisserait faire ». Au
contraire, tous les philosophes ont une éthique et
ces éthiques sont tristes[1]. C'est un axiome indis-
cuté qu'il *faut* être heureux : on y arrivera, mais à
quel prix ! Ou par une sagesse impraticable, — ou
par une savante et mélancolique abstention. Et le

---

[1] Il faudrait faire une exception pour la morale d'Aristote. Mais cette admirable construction est restée théorique, elle n'a pas exercé d'action, n'a pas façonné la
vie pratique comme l'Ethique des Stoïciens ou celle des
Épicuriens.

bonheur des Grecs finit comme la chasteté de Kling-sor : son maintien coûte une mutilation.

II

Cependant, si le moyen réussissait aux Grecs, il laisse les Modernes malheureux. Que s'est-il donc passé entre eux et nous ?

M. J. Sully, — qui se rapproche de la vérité lorsqu'il nous dit que les premiers pessimistes furent les Hébreux, — commet une méprise lorsqu'il ne voit dans les plaintes de la Bible que la continuation de celles qu'il a constatées à travers l'antiquité.

Il ne s'aperçoit pas que le pessimisme revêt ici un caractère tout nouveau, que pour la première fois le mot prend son sens définitif et que désormais, à quelque époque qu'on envisage la vie, il se trouvera toujours des représentants du pessimisme moderne.

Quel bouleversement s'est-il donc produit ?

Les Juifs ont apporté au monde leur dieu, ce Javeh qui est une volonté personnelle — et sur la religion hébraïque va s'édifier la religion chrétienne. Mais si Dieu est une volonté personnelle, au lieu d'un Logos impersonnel, le suicide n'apparaît plus sous le même angle. L'intelligence seule ne saurait le condamner, (c'est même souvent la solution la plus intelligente de la vie), et si le désir de la mort n'était pas contre-balancé par une autre force, sans parler de celle de l'instinct, on peut assurer qu'un bien plus grand nombre de personnes se tueraient. Mais si le suicide est un crime de lèse-volonté et si Dieu ne nous demande compte que de

cette volonté, il ne saurait approuver que nous
désertions le poste qu'il nous a confié. En outre, ce
Javeh juif nous a créés par un acte tout spécial de
sa divine volonté : nous tuer, c'est donc commettre
un acte de rébellion dont nous pouvons penser
qu'il nous châtiera.

Voilà donc la vie qui, au lieu d'une fête, devient
une tâche, tâche à laquelle il nous est interdit de
nous soustraire et voilà que, pour présider à la
vie, les dieux qui nous souriaient comme des amis
plus parfaits, sont remplacés par un juge redoutable.

A ces motifs de pessimisme, le Christianisme en
ajoute de beaucoup plus profonds. Car, dans la religion juive, sans doute le bonheur n'était pas im-
pliqué tacitement dans le fait de vivre : il fallait le
mériter d'un dieu redoutable par l'obéissance à sa
loi. Mais enfin, c'était encore l'eudémonisme, c'était
encore sur terre que le bonheur nous était promis et nous restions encore dans la première phase
d'illusion de Hartmann.

Le Christianisme n'a plus cette illusion, car il
vient tard dans un monde déjà vieux. Il ne s'entête
plus, comme le jeune Judaïsme, à vouloir le bonheur tout de suite, il est obligé de l'ajourner. Tout
d'abord la réalité l'y force, car les conditions d'existence ont sans cesse empiré. Et puis, sous la pression même de ces conditions plus dures, la vie intérieure s'est développée, le Christianisme a révélé
l'homme à lui-même, il lui a ouvert les portes d'un
jardin secret que chacun porte en soi, le mysticisme a fleuri et Jésus a compris que le bonheur
n'est pas « de ce monde ». C'est dans une autre
vie que nous le trouverons. — *Mais il suffira que*

la foi en cette vie future s'évanouisse, qu'on sup-prime cette pièce surajoutée, pour que nous res-tions, christianisés mais incroyants, en présence du seul pessimisme.

C'en est fait de la confiance naïve et spontanée de l'antiquité en un bonheur présent : le Christia-nisme parlera de foi encore, mais il la demandera à l'homme comme un *devoir* et lui en saura gré comme d'une *vertu*. Et il en prescrira une autre, en prononçant un mot nouveau, *l'espérance*, — l'espérance, dont la contre-partie est le doute, la désillusion, l'inquiétude, — l'espérance, ce trompe-la-faim qui appelle et entraîne le pessimisme.

Ainsi, le principe durable du Christianisme, ce sera moins le dogme religieux par lui légué au monde (à savoir l'assurance de la vie future), que la vérité psychologique éclairée par lui d'une lu-mière tragique, à savoir l'impossibilité du bonheur au cours de la vie terrestre. Et cela est si vrai que la force de l'Apologétique, le soutien religieux du Christianisme, c'est l'explication merveilleuse qu'il nous fournit de notre triste condition actuelle [1], par des dogmes tels que ceux de la chute et du péché originel.

Si bien qu'on peut dire que c'est la force psy-chologique du Christianisme qui a étayé sa force en tant que système religieux.

De quel nom désigner ce mal nouveau qui, éveillé par la religion nouvelle, demeurera la base du pessimisme ultérieur ? Le meilleur, c'est, il me semble, celui d'*Idéalisme*.

---

1. C'est ce que Pascal a merveilleusement vu et montré dans les *Pensées.*

Les Anciens avaient conçu la *perfection*, mais non l'*idéal*.

Cette perfection, ils l'imaginaient par rapport à l'*homme*, elle était pour celui-ci un stimulant, le grandissait à ses propres yeux et ne le décourageait en aucun cas. Mais l'idéal est un but jamais atteint, car il est conçu par rapport à *Dieu*, c'est une déclaration de faillite du réel à la suite de laquelle l'idée est placée au-dessus du fait. Plus jamais l'homme ne sera satisfait, parce que toujours il aura l'idée qu'une plus grande perfection est possible. Cependant, tant qu'il croira pouvoir la connaître un jour, son pessimisme sera tenu en échec par son optimisme ; mais lorsque la foi sera morte, avec elle ne disparaîtra pas l'aspiration qu'elle comblait et l'idéal auquel il ne croira plus, l'homme s'en souviendra toujours pour rêver, regretter, aspirer, et pour déprécier, par suite, le réel.

Les religiosités romantiques et les imprécations de révoltés ne sont que des crises d'idéalisme.

Aussi, lorsque W. James déclare que « Le pessimisme est essentiellement un mal religieux[1] », croyons-nous utile de préciser, d'ajouter que c'est un mal inhérent aux religions idéalistes et qu'elles lèguent, en souvenir d'elles, à l'humanité qui les a laissé mourir. *Ce mal « religieux » est surtout un mal « post-religieux ».*

Le pessimisme variera, d'ailleurs, selon ses rapports avec la religion. Nous avons indiqué de quelle façon il se manifestait avant le Christianisme ; nous allons le voir suspendu à la foi, adressant dans un

1. W. James (*Is Life worth living?*), In « The will to believe », p. 39.

pari un appel désespéré à Jésus-Christ, chez Pascal ; et nous le retrouverons, ironique et amer chez le possimiste le plus sincère peut-être qui fut jamais, chez un incroyant qui se souvient de la foi, chez Léopardi.

LE PESSIMISME DE PASCAL

PESSIMISME CHRÉTIEN

Les *Pensées* de Pascal sont, un peu comme le *Faust* de Gœthe, un de ces livres sur lesquels on écrira toujours et sur lesquels il restera toujours à dire. C'est qu'aussi bien ce sont là plus que des œuvres où la critique se puisse exercer, c'est l'homme même qui s'abrite derrière ces pages l'homme, insoluble énigme, qui se dresse devant le lecteur et lui pose l'éternel problème de son être. Et chacun s'acharne à vouloir répondre au sphinx, chacun tente de déchiffrer quelque fragment de la mystérieuse inscription. Sublimes et courts fragments, que d'écrits n'ont point suscités les *Pensées* ! Et qui, mieux que Pascal, nous eût dit l'inutilité de tous ces efforts de notre pauvre raison pour jeter quelque lumière sur ce qu'il avait tenté de peindre, sur l'Homme, ce « monstre incompréhensible » ?

Cependant les critiques se succédaient, les opinions se contredisaient ; que de Pascal défilaient sous nos yeux, depuis celui de l'Edition de Port-Royal jusqu'à celui de M. Ravaisson, en passant par celui des poètes, le romantique Pascal de J. Lemaitre et de M⁰ Ackermann !

Le trait essentiel que Cousin crut démêler dans les *Pensées* de Pascal, c'est, comme on sait, le scepticisme, et depuis lors c'est sur ce point qu'ont porté les débats. Comment faut-il entendre ce scepticisme ? Pascal était-il vraiment pyrrhonien ? C'est ce qu'on s'est demandé surtout, c'est surtout à réfuter l'assertion de Cousin que s'est appliquée la critique moderne. Et il semble bien que la question soit définitivement tranchée depuis la thèse si nourrie, si laborieusement convaincante de M. Droz sur « Le scepticisme de Pascal à propos des Pensées ».

Cependant, dans la philosophie de Pascal, il est un trait beaucoup plus frappant, que la foi de l'auteur peut masquer tout d'abord, mais qu'une étude attentive dégagera aisément. M. Brunetière constatait déjà le fait il y a plus de vingt ans [1] et croyait intéressant, utile même, d'insister un peu sur ce point trop négligé. Il signalait le *pessimisme* de Pascal, déjà relevé par Vinet dans ses pénétrantes « Études », et tous deux montraient que la question de ce pessimisme, autrement réelle que celle du prétendu scepticisme, avait avec elle quelque rapport en ce sens qu'on s'était fait illusion, qu'on avait vu le pyrrhonisme où il n'aurait fallu voir, en réalité, que le pessimisme.

Ce pessimisme, nous voudrions aujourd'hui en étudier la nature particulière, en rechercher les causes tant internes qu'externes, en retrouver l'écho dans le livre des *Pensées*, et nous demander dans quelle mesure se sont conciliés, chez Pascal, le pessimisme et la foi. Tout d'abord,

1. De quelques travaux récents sur Pascal, *Revue des Deux Mondes*, 1ᵉ septembre 1885.

allant plus loin que Brunetière et Vinet, nous oserons déclarer que si l'on a pu ruiner l'hypothèse d'un Pascal pyrrhonien, on a par cela même établi le pessimisme de notre auteur. Faire justice du pyrrhonisme, c'était, à mesure qu'on le dépouillait, enrichir le pessimisme à ses dépens ; on ne pouvait ôter à l'un sans reporter sur l'autre. Car les paroles de Pascal, si elles peuvent donner lieu à des méprises quand il s'agit d'en rattacher l'ensemble à une « idée de derrière la tête », n'en restent pas moins assez claires à entendre isolément : or on ne peut guère traiter plus mal notre pauvre nature, notre condition humaine, humilier plus amèrement notre raison, de sorte que s'il nous est impossible de voir là une boutade de sceptique écrite de sang-froid sans autre but que la ruine du dogmatisme, — il faudra bien alors que nous y voyions les cris d'un pessimiste qui « cherche en gémissant » l'origine de la douleur du monde et le port où s'abritera le bonheur stable.

Et, par une conséquence toute naturelle, si nous parvenons à faire ressortir ce pessimisme, nous aurons donné plus de force encore à la réfutation de M. Droz, car — c'est un point sur lequel nous avons déjà eu l'occasion d'insister, — un pessimiste n'est rien moins qu'un pyrrhonien. Proclamer la nature mauvaise, la raison imbécile et la vie un calvaire, c'est poser du moins une certitude, et n'est-ce pas prendre les choses au sérieux, faire acte de foi dogmatique que de souffrir et d'être malheureux[1] ? On opposera malaisément Pascal à

---

1. Nous avons déjà indiqué ces vues à propos des Pyrrhoniens.

Montaigne, tant qu'on ne parlera que de scepticisme ; on peut se méprendre quant au premier et il faut, chez lui, étudier la chose d'un peu
près ; mais tout s'éclaire si l'on reconnaît en Pascal un pessimiste et en Montaigne un joyeux
vivant, un Enfant sans-souci. Cette belle indifférence de Montaigne nous est un sûr garant de son
scepticisme ; c'est que Montaigne, tout nourri des
Anciens, est encore un païen, c'est un disciple de
Pyrrhon qui, lui-même, jadis, vécut austère mais
serein : Pascal aurait-il ces rancunes amères s'il
était de la famille des deux autres ? Si le doute ne
put lui être un mol oreiller, mais fut plutôt pour
lui un coussin d'épines ensanglantant sa tête, c'est
que vivre tranquille en doutant implique qu'on
trouve l'existence assez satisfaisante pour n'éprouver pas le besoin de chercher plus loin, tandis qu'à
Pascal chrétien et janséniste, à Pascal épris d'absolu et de perfection, la vie humaine apparaît si
intolérable qu'il lui faut trouver quelque part la
justification du mal et la certitude absolue.

Les causes du pessimisme de Pascal sont mul-
tiples : elles sont autour de lui, mais surtout en lui,
et nous verrons qu'elles y provoquent une situation toute particulière.

Car, aux raisons qu'a l'homme de désespérer et
que Pascal trouve *naturellement*, il oppose, par un
effort de sa volonté, les raisons que l'homme a de
croire et qu'il pense être un remède, — *mais qui
ne font qu'aggraver son mal.*

De sorte que le pessimisme est, d'une part, sup-
primé, guéri par la foi, en même temps que la
forme même de cette foi, les sacrifices exigés par
elle, l'enjeu toujours croissant risqué pour la

gagner, aggravent en Pascal le pessimisme de l'homme naturel.

Nous passerons rapidement en revue les influences qui ont pu agir sur Pascal, en allant du dehors vers le dedans, c'est-à-dire en partant du milieu dans lequel il vécut pour pénétrer jusqu'à l'homme même et l'aborder depuis sa santé jusqu'à la nature de ses croyances religieuses.

Si puissant et original que soit un penseur, il n'échappe jamais complètement à l'influence de son temps. Le génie habite à une altitude plus élevée que ses contemporains, mais à l'air plus pur qu'il respire se mêlent toujours quelques exhalaisons des couches inférieures. Par bien des points, Pascal touche à son siècle : le livre même des *Pensées* eût-il été écrit si le xviiᵉ siècle n'avait compté tant de ces « libertins »[1] ?

La philosophie de Pascal est, sur bien des points, pénétrée de cartésianisme : on en trouve dans la conception de la science, dans l'irréductible dualisme des objets de la pensée et de l'étendue qui amènera Pascal à faire du miracle une chose tout admissible ; au fond du *Discours sur les Passions de l'Amour*, ne trouvons-nous pas encore la théorie cartésienne des passions, « pensées confuses » ? Si, du point de vue qui nous occupe, nous cherchons comment on concevait la vie au temps de

---

1. Le Père Mersenne évaluait leur nombre à cinquante mille et Roquelaure offrait d'en fournir dix mille pour une expédition en Italie. (F. T. Perrens, *Les Libertins en France au XVIIᵉ siècle*, 1899, Introd. p. 13.)

Pascal, avant sa conversion définitive, a vécu dans l'intimité de quelques-uns de ces libertins, tels que Milton, des Barreaux, et il entreprend son grand ouvrage pour réfuter les raisonnements de ces libertins, qu'il connaît si bien.

Pascal, nous nous trouvons entourés d'une atmosphère de sombre pessimisme. Pourquoi le xvii⁰ siècle fut-il pessimiste ? C'est là un problème complexe qu'à vouloir examiner, nous serions entraînés trop loin. Il y avait à cela des raisons politiques : les excès d'un gouvernement absolu, toute liberté de pensée étouffée en germe, le caprice d'un monarque pouvant envoyer tout homme à la Bastille ou dans ses terres, au moyen d'une lettre de cachet ; puis le spectacle des scènes de la Fronde et les leçons qu'on en avait tirées. Mais il y avait aussi des raisons religieuses : après les sanglants excès des guerres de religion, les pratiques extérieures se substituaient à la pureté du cœur, les Tartufe triomphaient et, découragées, les âmes droites cédaient au scepticisme.

En tout cas les tableaux qu'on nous fait de l'homme sont tristes, décourageants, les traits n'y sont pas flattés : c'est un réalisme où la laideur semble même accentuée sans être corrigée par le reflet d'aucune beauté intérieure.

Ce pessimisme est déjà chez Bacon, nous le retrouvons chez Descartes et chez Malebranche ; il devient désespérant avec Hobbes et Spinoza.

Descartes ramène l'organisme au mécanisme, soumet le monde à la mathématique universelle ; dans son *Traité des Passions*, il en fait la physiologie, constate à quel point l'esprit dépend du tempérament et des organes du corps. Il expose le mécanisme de l'habitude et inaugure la rigueur scientifique. — Pascal profitera de ces leçons de psychologie, il saura, quand il voudra nous gagner à la foi, combien il importe d'orienter vers elle l' « automate » en nous, il nous commandera de

faire comme si nous croyions, sachant à quel point
l'homme est machine et comment en lui l'attitude
éveille fatalement le sentiment[1]. Après Pascal
comme avant lui, les esprits sont imprégnés des
mêmes vues.

Pour Spinoza, (bien qu'il n'y ait peut-être guère
de philosophie plus réconfortante que la sienne et
qu'elle soit, ainsi, optimiste en un sens), il ne faut
pas s'y tromper : les théorèmes sont des coups
mortels à l'orgueil de l'homme, des démonstra-
tions géométriques de son néant et quant à notre
soi-disant liberté, on sait ce qu'en fait Spinoza.

Hobbes tient les hommes pour de pures ma-
chines, il les montre mûs par les seuls instincts.
Pascal semble lui emprunter son langage quand,
foulant aux pieds la raison, il s'écrie : « Plût au
Ciel que la Nature fût toujours notre seul guide ! »
Enfin le philosophe anglais raille les vues philan-
thropiques d'Aristote ; dans l' « animal sociable »,
il voit un loup pour ses semblables ; il nie tout sentiment désintéressé chez l'homme et fait reposer la
justice sur la force. Pascal sera bien près de donner raison à Hobbes, tant qu'il regardera l'homme
sans la grâce, l'homme avec sa nature corrompue
par le péché. Mais précisément Pascal n'admet pas
qu'on s'en tienne à cette connaissance naturelle.
Sans doute, tout se transforme ici par l'idée de la
Rédemption, mais demandez à Pascal le portrait
d'un homme que Dieu ne voudrait point sauver, à
qui serait refusé un secours surnaturel, il vous fera
à peu près le même tableau que Hobbes.

1. Sur tout ce que Pascal doit à Descartes, voir Saisset,
Du scepticisme, et Kranz, *De l'influence de Descartes sur
la littérature du XVIIe siècle*.

Enfin, d'un autre côté encore devait souffler un vent de pessimisme. Le mouvement scientifique de la fin du XVI° siècle avait amené le bouleversement de tout ce qu'on avait tenu jusqu'alors pour des dogmes ; l'édifice des croyances était ébranlé, menaçait de crouler avec la voûte de cristal d'Aristote, par suite des découvertes de Galilée, Copernic, Képler. Le pessimisme est presque fatalement la suite immédiate d'un grand effort de pensée, d'un grand progrès scientifique [1]. D'abord à cause de l'épuisement qui succède à l'excessive activité ; l'homme, en effet, que la fièvre a quitté reste las à méditer sur ce qu'il vient de réaliser ; puis à cause de la confusion qui résulte des découvertes nouvelles : il faut brûler ce qu'on avait adoré, jeter là les axiomes surannés, faire prendre à l'esprit des plis nouveaux ; et voici qu'on s'inquiète, on se demande à quel point l'on peut avoir foi en ces principes d'hier qui, peut-être, seront renversés par la science de demain. Il faut un certain temps pour que l'esprit retrouve son équilibre et, laissant là le pessimisme, reprenne confiance et espoir à constater son éternelle activité, l'éternel progrès par lui réalisé.

Cette belle confiance en lui-même, l'esprit humain ne la reprendra qu'au XVIII° siècle ; en attendant, c'est encore le pessimisme qui règne.

Si Pascal ne dut pas échapper à cette atmosphère générale, il est probable qu'il fut influencé plus directement encore par les faits se rapportant

1. La conception mécaniste porte une atteinte définitive à la religion naturelle, et par suite à l'optimisme. Elle oblige à chercher refuge dans la religion révélée — ou dans quelque forme « laïque » de croyance.

à sa propre vie. Nous ne sommes pas de ceux qui expliquent le pessimisme d'un penseur par un mauvais estomac et nous aurons l'occasion, à propos de Léopardi, de constater jusqu'où l'on peut aller dans cette voie ; mais nous convenons que dans les conceptions les plus objectives, le Moi ne laisse pas que de se glisser à la dérobée. Cependant, l'enfance de Pascal ne fut point malheureuse ; ce qui l'amena peut-être pour la première fois à faire de tristes réflexions, c'est le danger que courut son père, cette disgrâce qui l'obligea de quitter Paris lors des spéculations malheureuses du cardinal. Ainsi un homme intègre, parce que ses droits pouvaient le rendre dangereux aux tout-puissants, était par eux prévenu, poursuivi, mis hors d'état de nuire ! Pascal s'en souviendra dans ses amères pensées sur la Justice et la Force : « Ne pouvant faire qu'il soit force d'obéir à la justice, on a fait qu'il soit juste d'obéir à la force... On a mis la justice entre les mains de la force, et on appelle juste ce qu'il est force d'observer, » etc. (Art. VI, 7 et 8). Et Pascal n'aura d'espoir qu'en Celui qui a dit : « Heureux ceux qui ont faim et soif de justice. »

Mais c'est surtout à la santé de Pascal qu'il convient, quoi qu'on en ait dit, de faire une juste part dans son pessimisme. Pascal nous donne l'exemple d'une sublime résignation : contre la maladie et la souffrance, il n'a pas un cri de révolte, il en remercie Dieu et tâche d'en tirer profit pour le salut de son âme. Il ne faut pas, cependant, se laisser abuser : l'admirable attitude de Pascal ne fut qu'une réaction contre les maux qu'il ne ressentit pas moins tout comme s'il se fût révolté où

lamenté. Il y a dans la douleur, pour ainsi dire,
deux moments : l'attaque et la riposte ; dans le
second seul nous pouvons être originaux et c'est
alors seulement que la qualité de l'âme peut faire
varier l'attitude. Mais nous subissons tous l'attaque
pareillement et, quoique à notre insu, nous sommes
tous presque pareillement modifiés par elle. Les
Stoïciens nous en ont fourni la preuve.

On pourra discuter éternellement pour savoir si
c'est un mal de mourir dans les flammes, mais
personne ne niera que le feu brûle ; on ne pourra
même pas, comme le veut Pascal, « sentir la douleur et la consolation tout ensemble ». Et le feu
ne brûle pas sans modifier ce qu'il consume — pas
plus que la souffrance ne nous étreint sans modifier notre organisme.

Or, on nous dit que, « depuis l'âge de dix-huit
ans, Pascal ne connut pas un seul jour sans douleur » ; comment croire que son esprit ne se soit
pas trouvé, après tant d'assauts, orienté dans une
direction spéciale ? Il put faire à la souffrance une
réponse sublime, la question qu'elle lui posa fut
la même qu'entend chacun de nous et tout l'être
de Pascal en fut modifié, c'est-à-dire que sa pensée
en subit le contre-coup comme son corps. N'en
est-il pas convenu lui-même quand il a écrit : « Les
maladies nous gâtent le jugement et le sens. Et si
les grandes l'altèrent sensiblement, je ne doute pas
que les petites n'y fassent impression à leur proportion. » (Art. III, 3.)

Pascal fut un instant attaché au monde — c'est
alors qu'il se portait à peu près bien — et ce qui
lui rendit le détachement plus aisé, ce fut surtout
de ne pouvoir plus vivre dans la « dissipation ».

Lui-même, si sincère, nous en fera l'aveu : « Si j'ai eu le cœur plein de l'affection du monde pendant qu'il a eu quelque vigueur, anéantissez cette vigueur pour mon salut et rendez-moi incapable de jouir du monde, soit par faiblesse de corps, soit par zèle de charité. » (Prière pour demander à Dieu le bon usage des maladies.)

Peut-être Pascal n'aurait-il point trouvé que la maladie est un état « naturel » à l'homme, si cet état ne lui avait été habituel ; nos théories ont toutes un peu pour point de départ notre condition et Pascal a tenu la santé pour un bien aussi longtemps qu'il en a joui. « Je confesse que j'ai estimé la santé un bien... parce qu'à sa faveur je pouvais m'abandonner avec moins de retenue dans l'abondance des délices de la vie et en mieux goûter les funestes plaisirs. » (Id.)

Serons-nous surpris que la pensée de la mort ait hanté un homme qui fut malade toute sa vie ? Pascal s'étonne d'autant plus qu'on puisse s'attacher aux biens passagers de cette existence, que, pour lui, il a toujours la mort devant les yeux. S'il en fait presque la seule réalité, la seule certitude de la vie, c'est qu'elle se rappelle sans cesse à lui par la voix de la souffrance, que la maladie, le retenant captif, empêche qu'il ne s'attache solidement aux choses de ce monde. Pascal sait bien que c'est à la souffrance qu'il doit le mépris où il tient les biens terrestres : « Je vous loue, mon Dieu, écrit-il, de ce qu'il vous a plu me réduire dans l'incapacité de jouir des douceurs de la santé... et de ce que vous avez anéanti, en quelque sorte, pour mon avantage, les idoles trompeuses que vous anéantirez effectivement pour la confu-

sion des méchants... » (Prière, etc.) Que de fois,
durant les longues solitudes que lui imposaient ses
souffrances, Pascal dut l'imaginer, ce « dernier
acte » dont l'avertissement bourdonnait toujours
à son oreille : « Quelque belle que soit la comédie
en tout le reste, on jette enfin de la terre sur la
tête et en voilà pour jamais ! » (Art. XXIV, 58.)

Ces souffrances, le jour spécial dont par elles
se coloraient toutes choses aux yeux du patient :
il y a déjà là un terrain favorable au développement du pessimisme. Si nous ne voyons la vie
qu'au travers d'un verre coloré, lequel tire de notre
Moi sa teinte propre, ne peut-on pas s'expliquer
qu'en Pascal les choses, avant de se peindre sur sa
rétine, aient pris une nuance un peu sombre ?
Pourtant le génie échappe à toutes les règles, chez
lui l'intellect s'affranchit des lois auxquelles le nôtre
serait soumis, et quand il s'agit d'un Pascal qui ré-
solvait le problème de la cycloïde au plus fort d'un
mal de dents, les circonstances extérieures sont
impuissantes à fournir des explications ou même à
justifier des hypothèses.

N'attachons donc pas trop d'importance à ces
influences externes ou internes, mais voyons Pascal lui-même ; cherchons parmi quels tempéraments il convient de le classer, les traits saillants
de son caractère, et peut-être l'analyse de cette
nature nous montrera-t-elle a priori que chez un
tel homme le pessimisme était fatal.

Par tout ce que nous savons de lui, nous voyons
que c'était un passionné. Quoi qu'il entreprît, il
s'y donnait exclusivement, il travaillait jusqu'à se
rendre malade ; la science le prit d'abord tout
entier, puis quand il eut trouvé Dieu, Pascal se

donna à lui avec toute la passion des premiers
saints ; enfin, entre sa première et sa deuxième
conversion, alors qu'il n'avait pas encore renoncé
à la science, Pascal se donnait à elle par accès et
se plongeait si bien tout entier en elle qu'il semblait alors avoir oublié Dieu et les choses de la
foi. Tout à la fin de sa vie, alors qu'il a résolu
le problème de la cycloïde, le solitaire de Port-
Royal subit encore un dernier accès de passion :
la science le reprend et le possède, comme elle
avait toujours fait, tout entier, tout à elle seule.
Dans la vie de Pascal, c'est alors comme une incarnation passagère dans un personnage spécial,
il est tout aux mathématiques ; en huit jours, il
écrit plusieurs opuscules, correspond avec les
savants de l'Europe entière, il est redevenu le Pascal d'avant sa conversion. Car il est tout l'opposé
d'un éclectique, il est exclusif comme les passion-
nés ; il ne traite pas la science comme une chose
secondaire, il s'entend mal à subordonner ; il se
donne passionnément à elle jusqu'en 1654, puis,
tout à la religion, foule aux pieds cette science,
la déclare vaine, dangereuse même ; mais quand
une circonstance le ramène en face d'elle, de nouveau il ne voit plus qu'elle et se redonne tout entier.
Pascal n'est pas l'homme des demi-mesures, il eût
pu adopter comme devise « Tout ou Rien[1] ». Les
hommes comme lui sont ceux qui, ne trouvant pas
dans la vie tout ce qu'ils exigeaient d'elle, l'ai-
mant trop pour l'accepter imparfaite, la rejettent
— car le suicide est la profession de foi des pas-
sionnés.

1. Cf. *Pascal*, par Em. Boutroux (*Les grands écrivains
français*, 3ᵉ éd.), p. 143 et 191.

Si l'on pouvait imaginer Pascal athée, (quelque contradictoires que soient toujours ces sortes d'hypothèses), on pourrait concevoir que sa passion d'Absolu ne trouvant plus à s'assouvir en Dieu, se fût retournée contre la Vie et que Pascal se fût tué. Pour un pareil homme les concessions sont impossibles, les à peu près sont une torture, il lui faudra toujours toucher le fond de tout.

Mais, hélas! la vie le permet-elle à aucun homme? Pour la vivre sans en trop souffrir, il ne faut pas la prendre trop au sérieux et Pascal ne peut pas l'envisager légèrement; pour lui, comme pour Schiller et pour Carlyle, « la vie est chose grave ». Il a été élevé dans un milieu grave, son père était un homme grave et grave était déjà par lui-même l'enfant précoce, affamé de savoir la raison de toutes choses. Pareil en cela à un désespéré moderne, Pascal « ne voyait rien sous l'aspect de frivolité » : le moyen avec cela de n'être pas pessimiste? Ce qui sauve, c'est une certaine dose d'insouciance, la facilité à se laisser distraire par les choses avant d'avoir eu le loisir de les approfondir : cette grâce était refusée à Pascal. Il cherchait, creusait, sourd aux appels extérieurs, et pour son esprit affamé d'Absolu, c'était un martyre, quant aux choses, de se heurter partout au relatif, tandis que, quant à ses semblables, il ne pouvait éprouver, au spectacle de leur incroyable légèreté, qu'étonnement et horreur. Devant le monde et les êtres, un homme sérieux comme Pascal ne pouvait ressentir qu'une insatisfaction douloureuse. « Toute philosophie sérieuse », disait déjà Vinet, « est nécessairement pessimiste. » Peut-être pourrions-nous contester cette vue; peut-être, si le pessimisme est

un moment fatal, peut-il être dépassé, mais de
quelque point de vue qu'on l'envisage, refusera-
t-on à la philosophie de Pascal l'attribut du
sérieux ?

Ce qui, chez lui, devait aggraver encore les
choses, c'est l'esprit géométrique avec lequel il
procédait. Sans doute, il y joignait l'esprit de
finesse qu'il a opposé au premier, mais dès qu'il
raisonne, poursuit la Vérité, c'est Pascal mathématicien qui nous apparaît. Et cette rigueur de dialectique, cette logique serrée vont l'amener plus
sûrement encore à ses tristes conclusions. Ce qui
préserve bien des gens de se trouver face à face
avec le pessimisme, c'est qu'ils ne sont pas jusqu'au bout conséquents avec eux-mêmes : d'un
premier fait vu par eux, ils ne tirent pas logique-
ment la conclusion ; soit légèreté, soit manque de
rectitude d'esprit, ils se laissent entraîner à la première occasion, tombent dans les pièges que leur
tend la vie extérieure. Leur pensée dévie de la
ligne droite. Rien de tel à attendre de Pascal :
enfant, il découvrit la géométrie, et depuis lors le
mathématicien s'est toujours retrouvé en lui. Prenons garde à son point de départ, car il n'y a pas
à craindre qu'il fasse le moindre écart en chemin ;
c'est une ligne géométrique qui unit ses prémisses
à ses conclusions.

Un point sur lequel reviennent souvent ceux qui
nous ont retracé la vie de Pascal, c'est « la fantaisie qu'il avait d'exceller en tout ». Ce torturant
besoin de perfection (c'est-à-dire encore d'absolu),
nous en trouvons des marques durant toute l'existence de Pascal.

C'est lui qui pousse le savant à ses recherches

scientifiques, lui suggère des expériences qui lui permettent de dépasser l'hypothèse, de poser des lois de certitude apodictique ; c'est lui qui fait brûler à Pascal son écrit sur « la méthode en géométrie », après qu'il a jugé celui d'Arnauld meilleur ; c'est lui enfin, ce besoin de perfection, qui amène Pascal à corriger sans cesse son style jusqu'à lui faire retoucher dix fois une même phrase, ce dont les manuscrits nous peuvent témoigner.

Mais n'est-ce pas un axiome vulgaire que la perfection n'est pas de ce monde ? En vain Pascal dut s'élancer vers elle, comme Icare il était condamné d'avance à retomber brisé sans avoir pu l'atteindre. Ce lui fut une souffrance intolérable et il prononça l'anathème sur cette nature humaine que sa corruption condamne à ne jamais réaliser la perfection.

L'insatisfaction de Pascal, c'est ce besoin éternel qu'a l'homme de se chercher un Dieu, de trouver enfin l'être en qui s'éteigne la soif du mieux et qui soit le parfait absolu. C'est, en un mot, la « demande religieuse », c'est-à-dire la condition même du pessimisme, car c'est de cette « demande frustrée » qu'il naîtra [1].

Mais précisément il ne naîtra pas, — ou plutôt il sera violemment étouffé en germe, — parce qu'à la demande qui tend à l'engendrer, le Christianisme répond merveilleusement. La religion nous montre, en effet, que notre condition douloureuse d'êtres enfermés dans l'imparfait et le relatif, n'est pas la condition première de l'homme : il n'aurait ni l'idée ni le besoin de la perfection s'il ne l'avait connue et n'était fait pour elle. Pascal maudira donc

1. Cf. W. James, *Op. cit.*, p. 42.

le péché originel qui empêche l'homme de retrouver Dieu par ses seules forces, et il se donnera tout entier au Christ Rédempteur qui nous restitue notre destinée primitive.

Nous nous trouvons ainsi en face d'un pessimisme qui, à la fois, *provient* de l'esprit religieux et est *tenu en échec* par la foi.

Et cependant, l'échec n'est peut-être que provisoire ou intermittent, car la foi de Pascal n'est pas celle du charbonnier, elle est la victoire d'une volonté qui a connu de terribles luttes et la religion qu'il conquiert n'est autre, — ne pouvait être autre, — que le jansénisme.

Pascal appartenait à un milieu janséniste ; il se trouva de plus, par suite du succès des *Provinciales*, le défenseur de son parti ; il fut donc pénétré de l'esprit janséniste, tant par suite des lectures qui amenèrent sa première conversion, que par suite de celles qu'il dut faire pour combattre ses adversaires. Or, dans le commerce des saint Augustin, saint Cyran, Jansénius, Pascal ne pouvait pas puiser l'optimisme ; c'est eux, plutôt, qui sont optimistes, ces Jésuites qui prennent si aisément leur parti de la misère humaine et dont la morale est si facile ! La doctrine des Solitaires, austère, intransigeante, est un christianisme si assombri et désespérant qu'elle ne put jamais être populaire et que ses excès l'ont fait regarder comme hérétique.

Quel pessimisme dans les théories de Jansénius ! Le péché n'altère pas seulement notre nature, il la détruit, de sorte qu'il ne s'agit plus pour nous de guérir, mais de ressusciter : nous sommes perdus si, par la grâce, une nature nou-

velle ne se substitue à l'ancienne. Cette grâce, elle
est toute gratuite, Dieu la donne quand et à qui il
lui plaît, nous ne pouvons rien par nous-mêmes ;
enfin ce Dieu est un Dieu caché, *Deus absconditus*,
qui se dérobe volontairement à nos yeux et nous
laisse crier dans les ténèbres ; pour ceux à qui il
refuse sa grâce, les preuves mêmes de son existence ne sont que des moyens de les aveugler ; et
nous offensons ce Dieu non seulement par toutes
les fautes que nous avons conscience de commettre,
mais encore par une infinité de fautes cachées,
inconscientes, et dont nous ne nous savons pas
coupables ! Dans la foi des jansénistes, la crainte
l'emporte sur l'amour : « Ils ont tremblement et
non confiance ». Pascal écrit à Mlle de Roannez
qu'il ne peut se défendre d'effroi en lisant les
paroles de Job : « J'ai toujours craint le Seigneur
comme les flots d'une mer furieuse et enflée pour
m'engloutir. » C'est un texte familier pour lui que
celui-ci : « Bienheureux est l'homme qui est toujours en crainte. »

Cette sombre doctrine est bien faite pour conduire au désespoir : sans doute, si Pascal l'a em-
brassée, c'est déjà en raison même de ses propres
dispositions avec lesquelles elle concordait si bien ;
mais à mesure qu'il l'étudiait, s'en pénétrait davantage et se retirait au milieu d'hommes qui en
étaient imbus, Pascal s'entourait d'une atmosphère
propre à entretenir et fortifier en lui le pessimisme.

Une autre lecture pouvait encore, chez Pascal,
porter les mêmes fruits : c'est celle de Montaigne.
Celui-ci, pour son propre compte, n'a point abouti
au pessimisme, mais il fournissait à un tempérament opposé les moyens d'y arriver. Des mêmes

faits observés par eux, les deux penseurs ont tiré
des conclusions différentes, mais ces faits, ils les
ont vus pareillement et Pascal venant après Montaigne les a trouvés en celui-ci réfléchis comme
en un miroir grossissant. Les *Essais* sont un recueil
complet de motifs à pessimisme, et si Pascal avait
pu en laisser échapper quelques-uns, il devait les
retrouver dans Montaigne, signalés comme à plaisir et sous une forme inoubliable. Or Pascal con-
naissait les *Essais* presque par cœur, et il emprun-
tera à Montaigne des pages entières quand il
exposera la misère de l'homme, le néant de toutes
nos entreprises.

C'est d'abord et surtout l'homme que Pascal va
invectiver. J'emploie à dessein un terme agressif,
car les *Pensées* ne sont plus un simple « livre de
bonne foy », sorte de journal intime dont l'auteur
n'est qu'un observateur ayant des loisirs. Pascal,
dans son *Apologie*, fait œuvre d'apôtre ; en écri-
vant, il a conscience de remplir un devoir et il
compte sur son livre pour l'aider à faire son salut.
Il sera plus qu'un fin psychologue : il voudra agir
sur ses lecteurs et ses paroles seront comme des
coups de fouet. Que prétend-il, en effet ? Nous
arracher à nous-mêmes, nous jeter aux pieds de
Dieu ; ce qui nous retient, c'est que nous nous
aimons trop. Pascal va donc éteindre cet amour-
propre, humilier notre superbe afin que « nous
nous offrions par les humiliations aux inspira-
tions ».

Pour l'orgueil humain, Pascal est impitoyable et
son ironie est d'autant plus féroce qu'il sait par
expérience la puissance de l'ennemi : « La vanité
est si ancrée dans le cœur de l'homme, qu'un sol-

dat, un goujat, un cuisinier, un crocheteur se vante et veut avoir des admirateurs... *et moi qui écris ceci ai peut-être cette envie.* » (Art. II, 3.) Il s'acharne donc contre elle avec une joie cruelle, ses pages sont autant de mortifications par lesquelles Pascal espère se châtier lui-même des tentations qu'il a le plus de mal à étouffer en lui. Tout ce que La Rochefoucauld dira de l'amour-propre est déjà chez Pascal. Il nous montre comment « le plus grand de tous les flatteurs » s'est substitué en nous à l'amour de Dieu, est devenu puissant aux dépens de celui-ci, comment il nous trompe et se joue de nous à plaisir. « Notre propre intérêt est encore un merveilleux instrument pour nous crever les yeux agréablement », et il conclut : « On ne fait que s'entretromper et s'entreflatter. »

Notre misère, Pascal la devait sentir d'autant plus qu'il s'élevait plus haut, et il a résumé sa pensée dans ce mot, valable pour tous les temps : « Ce qui m'étonne le plus est de voir que tout le monde n'est pas étonné de sa faiblesse. » (Art. III, 1.)

Pascal, qui s'est fait de la raison une si haute idée, qui en a proclamé la grandeur, qui l'a même appelée à se prononcer pour reconnaître que quelque chose la dépasse, en sait pourtant la faiblesse. Il voit cette raison influencée par l'état de nos organes, puis par nos habitudes et nos passions. « Plaisante raison qu'un vent manie, et à tout sens ! » Ce n'est point elle qui règle les actions des hommes, mais bien l'apparence : « L'opinion est comme la reine du monde. » Pascal a bien distingué, comme Platon, l'opinion de la Science, mais le dernier, optimiste, ne nous interdisait pas de nous élever jusqu'à la science, jusqu'aux idées intelligibles ; Pascal, pessimiste, nous refuse la connaissance directe de la vérité à laquelle, depuis le péché originel, nous ne pouvons plus parvenir que médiatement.

Pascal, savant avant tout et dont les travaux viennent de faire l'étonnement de l'Europe, dévoile le néant de la science. Il comprend, comme avant lui les Vanini, Bruno, comme après lui Leibniz, que tout est dans tout et que nous ne connaîtrons jamais rien, faute de pouvoir tout connaître. Dès lors « qu'importe que l'homme ait un peu plus d'intelligence des choses ? N'est-il pas toujours infiniment éloigné du bout... dans la vue des deux infinis, tous les finis sont égaux. »

En politique, nous avons déjà vu que Pascal sait à quoi s'en tenir sur le fondement de notre justice ; puisque j'ai cité Platon, je dirai que Pascal est près de trouver qu'il en va dans le monde selon ce qu'avait vu le Calliclès du Gorgias : c'est la force qui fait la loi ; Pascal le voit comme déjà Glaucon, bien qu'il soit réservé à Hobbes de reprendre l'apologie de l'égoïsme. Plaisante raison ! disait tout à l'heure Pascal. « Plaisante justice qu'une rivière borne ! » dit-il cette fois après Montaigne.

La vertu restera-t-elle inattaquable ? Va-t-elle forcer notre admiration ? Pascal la démasque et l'appelle de son vrai nom, il s'accorde encore avec La Rochefoucauld pour ne voir en nos vertus que « des vices déguisés ». « Nous ne nous soutenons pas dans la vertu, écrit-il, par notre propre force ; mais par le contrepoids de deux vices opposés... ôtez un de ces vices, nous tombons dans l'autre. »

Et ailleurs : « Quand on veut poursuivre les vertus jusqu'aux extrêmes, il se présente des vices qui s'y insinuent insensiblement... de sorte qu'on se perd dans les vices et on ne voit plus les vertus. »

Pascal ne nous laisse donc pas une illusion, et son triste portrait de l'homme est une médaille frappée à jamais. Tant de misères, un tel néant font du monde un séjour insupportable : Pascal le compare à une « maison pestiférée » et après tout ce qu'il a passé en revue, il conclut avec une sainte : « Qu'il ne faut pas examiner si on a vocation pour sortir du monde, mais seulement si on a vocation pour y demeurer. »

Pourtant d'autres, avant lui comme après, se sont attachés à l'étude du même modèle et leurs tableaux, en des genres divers, ne sont pas moins pessimistes. Qu'y a-t-il donc d'original chez Pascal, quelle est la caractéristique propre de son pessimisme ?

Ce qu'il y a de spécial, dans le cas que nous étudions, ce sont *les rapports du pessimisme et de la foi* et la situation qui en résulte pour Pascal. Le pessimisme s'impose tout d'abord ; il est si profond, si complet que son excès même provoque un doute et conduit celui qui l'éprouve à se demander si tel peut être le dernier mot de la vie humaine. L'homme est ainsi conduit à envisager la foi : elle seule lui fournit l'explication parfaite de sa situation désespérée, en même temps qu'elle seule lui procure le moyen de transformer les motifs de pessimisme en motifs d'optimisme. Aussi est-ce désormais la foi qui s'impose.

Ainsi, chez Pascal, le penseur conséquent jus-

qu'au bout avec sa pensée, arrive, au moment de
conclure, en présence d'un dilemme : il faut que
son dernier mot soit « pessimisme » ou « foi ». Il
ne *veut* pas que ce soit pessimisme, et d'ailleurs
c'est le pessimisme lui-même qui impose la foi :
il *faut* donc croire, Pascal croira, et c'est le chrétien qui conclut.

Mais ici, ce n'est plus l'esprit qui est en cause,
c'est le cœur qu'il faut changer, c'est la volonté
qu'il s'agit d'ébranler ; la foi sera donc une conquête, elle coûtera des sacrifices et ne se main-
tiendra qu'au prix de luttes [1].

Mais, remarquons-le, si Pascal est tenté de reve-
nir au monde, s'il faiblit, c'est précisément le
spectre du pessimisme qui, devenu du point de vue
de la religion plus effrayant encore qu'autrefois,
se dressera devant lui et le fera se cramponner, —
si je puis ainsi dire, — au Christianisme.

Il en résulte que Pascal est condamné à l'une
des deux affirmations : pessimisme ou foi. Et, sans
doute, il n'a pas adhéré au pessimisme, mais les
immolations mêmes qu'il a faites à la foi, — santé,
amour profane, science, ambition, et qui le
liaient, l' « engageaient » toujours davantage, —
ont dû, aux heures de défaillance, grossir son
effroi du pessimisme. Ce qu'il y a de dramatique
dans le cas de Pascal provient de ce dilemme, qui
l'enserre et qui fait, de sa foi et de son pessimisme,
les deux termes d'une nécessité logique. Il est en-

1. « Pascal ne sentait que trop », dit M. Boutroux,
« qu'il n'était pas né chrétien. Il avait une humeur bouil-
lante qui se portait aux excès... une disposition à l'ambition, à l'orgueil, à la révolte. Il avait des affections impé-
tueuses, était enclin à la colère, à l'ironie. (*Op. cit.*, p. 143.)

fermé dans le tragique du principe de contradiction[1] : il est l'homme d'un pari.

Cet homme, en fin de compte, a cependant fini dans l'optimisme.

Et d'abord son pessimisme si poignant enfermait déjà un contre-poids, l'orgueil de l'homme y trouvait son compte. Puisque la misère mesure la grandeur, l'homme qui voit en lui tout ce que Montaigne lui a fait voir, doit se sentir par là même bien grand. Il est comme un riche ruiné, mais à qui l'on a promis de restituer sa fortune ; il se sent une immense supériorité sur le pauvre : la conscience qu'il a de ses avantages compense le chagrin de sa misère actuelle. Aussi Pascal nous semble-t-il plus proche d'Epictète que de Montaigne, car, s'il s'élève contre les deux excès, c'est un mouvement naturel qui le porte à voir en l'homme la grandeur, tandis qu'il a besoin de se rappeler lui-même à l'ordre pour ne point perdre de vue la misère humaine ; cette misère, il l'a surtout connue pour s'être proposé un but trop haut, c'est-à-dire pour s'être trop appuyé sur la grandeur de l'homme. Ce que Pascal a le plus de peine à détruire en lui, c'est, nous dit Mᵉ Périer, « la fantaisie d'exceller en tout » ; c'est par la porte de l'orgueil que le diable voudrait entrer chez lui, et Pascal a besoin d'un cilice pour se châtier des dernières velléités, pour lui rappeler la misère à côté de la grandeur, pour le ramener à terre quand

1. Le thème central des *Pensées* nous paraît être la *contrariété de la nature humaine* (misère et grandeur — raison et cœur — Dieu et le monde — fini et infini — dogmatisme et pyrrhonisme, — Epictète et Montaigne, etc.). Ce thème de la contrariété aboutit, pour s'y résoudre, à la double nature de l'homme-Dieu.

« l'instinct que nous ne pouvons réprimer » l'élève
trop haut.

Aussi son pessimisme n'est-il pas sans issue. Il
enferme un principe de libération : suivons cet instinct, la raison même nous le commande. Notre
indestructible grandeur témoigne d'un état « autre »
(Pascal chrétien dit « antérieur ») ; nous y pouvons
retourner, non pas par l'intelligence, en nous élevant
au moyen de la dialectique, mais par le cœur,
« en nous offrant par les humiliations aux inspi-
rations ». Le pessimisme de Pascal, précisément
parce qu'il est complet, ne saurait être, comme
le pensait Vinet, le dernier mot de sa philosophie.
Je n'en veux d'autre preuve que les aveux mêmes
de Pascal, car malgré les crises de doute, le
sombre désespoir qu'on lui attribue, il fut heureux.
Il ne fut jamais pleinement tranquille, parce que
sa foi impliquait la crainte et exigeait la lutte,
mais il se forçait à espérer, tenant l'espérance pour
un devoir. L'optimisme lui semble de même une
vertu, et il écrit à Mlle de Roannez : « J'essaie de
ne m'affliger de rien et de prendre tout ce qui arrive
pour le meilleur. Je crois que c'est un devoir et
qu'on pèche en ne le faisant pas... J'ai appris que
tout ce qui est arrivé a quelque chose d'admirable
puisque la volonté de Dieu y est marquée. » C'est
presque la sérénité d'un Spinoza. Et ainsi la victoire reste à Pascal ; le poète a tort quand il lui
crie : « Tu n'as vaincu personne ! » Au prix
d'efforts, de déchirements et de rechutes qui n'en
rendent sa conquête que plus légitime, Pascal a
vaincu le pessimisme et acquis la « certitude » et
la « joie ».

A ceux qui ne pourraient plus atteindre l'opti-

misme dans la foi, les vues modernes permettent
cependant encore d'espérer. Pascal a énoncé le fait
incontestable que nous avons l'idée de la perfection, cette idée est une donnée sans quoi le pessimisme ne peut pas même exister. Si nous ne
pouvons nous perdre en Dieu pour y trouver cette
perfection réalisée, nous pouvons, du moins, tendre
vers elle. Puisque nous l'entrevoyons, attachons-
nous à cette idée : elle saura se créer elle-même
une efficacité. Il dépend de nous que l'idéal se
réalise sans cesse davantage dans le monde où
nous l'aurons projeté ; car le problème se pose
autrement pour nous que pour Pascal, et notre
situation n'est plus la sienne : sa foi janséniste
nous conduirait infailliblement au pessimisme,
mais son pessimisme laisse en nous accès à d'autres
formes de foi, qui, sans nous enserrer dans une
étreinte logique, nous permettent d'espérer.

LE PESSIMISME DE LÉOPARDI

PESSIMISME ATHÉE

On a beaucoup écrit sur Léopardi ; néanmoins, quand on s'est occupé du pessimisme moderne, on s'est tourné plus volontiers vers l'Allemagne que vers l'Italie. Léopardi, cependant, avait devancé Schopenhauer, mais tandis que l'influence de celui-ci allait croissant, le poète est resté dans l'ombre, isolé, presque oublié. Comment expliquer cette différence de fortune, malgré l'analogie frappante des doctrines [1] ?

Jusqu'en leurs conséquences extrêmes, les théories de Schopenhauer ont trouvé bon accueil, et c'est la sincérité de Léopardi qu'on s'est avisé de mettre en doute. Quel argument puissant en faveur de son amer pessimisme ! Hélas ! le poète lui-même n'eût pas été étonné en constatant le fait, il eût trouvé là une nouvelle preuve de la lâcheté et de la légèreté humaines.

Bien que cela puisse, en effet, sembler para-

1. Il ne peut être question de l'influence d'une doctrine sur l'autre, car il est prouvé que Léopardi n'a pas connu Schopenhauer, et quant à celui-ci, il a lu les écrits du poète italien, mais sans en apprécier toute la portée. Cf. Caro, *Le pessimisme au XIX⁰ siècle*.

doxal, il faut reconnaître que si le pessimisme de Léopardi, (comme celui de Vigny), a paru moins attachant que celui d'outre-Rhin, c'est à cause même de l'excès de sa sincérité[1]. Si Léopardi est isolé, s'il fait un peu peur, c'est qu'il s'est retiré en un désert si lointain, si aride, que les hommes n'ont pas le courage de le suivre jusqu'au bout. Ce désespéré s'est enfoncé si avant dans son désespoir qu'il a laissé ses semblables bien loin derrière lui. Il a pris la vie trop au sérieux, il l'a vécue comme il la sentait et jugeait ; chez lui, le caractère a fusionné avec les idées. La légèreté ne vient jamais le distraire du martyre qu'il subit, à aucun instant de sa vie on ne peut le surprendre en flagrant délit d'inconséquence avec lui-même. Ce n'est pas lui qui, concluant à l'ascétisme, apprendrait qu'il lui est né un fils ! Chez Léopardi, l'écrivain ne se sépare pas de l'homme : il y a identité parfaite entre l'être qui n'a rien trouvé dans la vie qu'ennui et douleur, et le philosophe qui a écrit ses idées avec sa souffrance. Il y a des gens qui estiment qu'un acteur produit d'autant plus d'impression qu'il reste plus indifférent au rôle qu'il joue : pour faire naître l'émotion, disent-ils, il n'est pas besoin de l'éprouver, l'art seul la doit faire jaillir. Je ne sais ce qu'il peut y avoir de fondé dans cette opinion, mais (sans vouloir faire le moindre rapprochement entre les pessimistes et les comédiens), je crois la recette proposée à ceux-ci excellente pour assurer le succès de ceux-là.

1. M. James explique, par les mêmes motifs, le peu de popularité du poète James Thomson, « dont les paroles font peur aux hommes, et qui est, cependant, si sincère. » (Op. cit., p. 85.)

Les hommes pardonnent tout au théoricien qui, dans la vie, partage leurs faiblesses ; ils acceptent le philosophe, du moment qu'en lui se retrouve l'homme. Qu'on les démasque, qu'on leur prêche le néant de toutes choses, qu'on proclame la vie un mal : ils ne se sentent pas humiliés, ils triomphent au contraire de voir qu'en dépit de l'intelligence la nature reprend ses droits et que le penseur qui les méprise mène la même existence qu'eux et ne peut se passer de leurs suffrages.

Il y a cependant, soyons justes, une autre raison à faire valoir pour expliquer les destinées inégales des deux pessimismes, italien et allemand. Celui de Schopenhauer est justifié, en effet, par une métaphysique qui est l'une des plus satisfaisantes et des plus attrayantes explications de l'Univers que jamais philosophe ait proposée. Le pessimisme s'impose ainsi avec le système et par lui. A côté de son rival, le pessimisme de Léopardi, tout empirique, que n'étaie aucune métaphysique, paraît faible, il semble fait de boutades, il a l'apparence arbitraire et dilettante.

Quoi qu'il en soit, les théories de Schopenhauer ont été acceptées, parce qu'elles sont apparues telles qu'elles sont réellement : comme des théories pures, des constructions de l'intellect, et parce que la vie du penseur se chargeait de rassurer sur ses opinions. Pourquoi ne pas les admettre, ces théories, puisque l'exemple même du philosophe dispense de les appliquer ?

Celles de Léopardi ont rencontré un moins favorable accueil. Elles étaient, en effet, plus sévèrement illustrées par la vie du poète. Aussi n'a-t-on trouvé d'autre ressource pour se débarrasser de la

leçon et du blâme implicitement contenus dans un
tel exemple, que d'expliquer — d'excuser presque,
— par des motifs accidentels, le pessimisme d'un
penseur conséquent avec lui-même. Ce procédé est
illégitime. Sans prétendre éliminer dans aucun cas,
— et pas plus dans celui de Léopardi que dans
celui de Pascal, — l'influence des circonstances,
nous pensons qu'il faut chercher ailleurs la véritable origine du pessimisme. Nous sommes portés,
ici encore, à observer l'homme même, à écouter
la demande qui s'élève du fond de son cœur et à
rechercher si le pessimisme ne résulte pas chez
lui d'un conflit entre l'âme, avide de foi et d'amour,
et l'esprit, qui ne fournit aucune satisfaction à
cette demande.

Chez Léopardi subsiste le besoin religieux, alors
que la foi s'en est allée : de là l'amertume avec
laquelle l'homme s'en prend à la vie du désaccord
qu'il n'a pu encore résoudre entre son désir et sa
conception, — de là le pessimisme.

Avant d'aborder l'homme lui-même, faisons
d'abord rapidement leur part aux circonstances qui,
sans l'avoir engendré, ont influé sur son pessimisme.

L'existence du poète a été malheureuse entre
toutes et ses souffrances, si, comme l'affirme
M. Aulard, elles n'ont pas atteint sa pensée, ont
profondément attristé sa vie, altéré son humeur
et influé ainsi, par contre-coup, sur ses jugements
et sur la conception qu'il s'est faite de la Vie.

Léopardi était petit, laid, presque contrefait ; il
n'avait, pour racheter ces imperfections physiques,
rien qui pût plaire aux femmes et aucune ne l'aima.
Que ces données aient été sans influence sur sa

misanthropie, Léopardi était trop sage pour l'oser prétendre : n'a-t-il pas reconnu pour origine à l'ironie socratique la laideur et le nez camus de Socrate ?

On sait dans quel milieu le pauvre poète grandit : entre une mère dont l'unique souci était de restaurer la fortune de sa maison, et un père, tyran inflexible, invariablement vêtu de noir, qui se vantait de « vouloir toujours dominer ». L'enfant souffreteux ne fut entouré d'aucune tendresse, il languit dans cet intérieur — un vrai cloître, d'où la gaieté était bannie —, et il subit si bien la tyrannie paternelle qu'à vingt ans il ne sortait pas encore seul.

Le jeune Léopardi se réfugia dans l'étude ; toute son ardeur se porta vers elle et il travailla pendant sept années avec une activité dévorante. Mais les excès de travail achevèrent de ruiner sa santé délicate : à dix-huit ans, il se voyait condamné à rester pour toujours difforme et maladif, souffrant à la fois d'une maladie nerveuse, d'une maladie d'yeux et d'une affection de poitrine ! Son déplorable état de santé ne fit que s'aggraver : le travail, sa seule ressource, lui devint bientôt presque impossible et, certes, Léopardi avait le droit d'écrire que sa « vie était un purgatoire ».

En dépit de la résignation touchante du pauvre malade, cet état de santé a fatalement influé sur ses doctrines.

On sait en quelle horreur Léopardi avait sa petite ville natale de Recanati : il tenta l'impossible pour vivre loin d'elle, mais, son père lui refusant tous moyens de subsistance, il fut souvent obligé de réintégrer le domicile abhorré. Ses compatriotes

l'aimaient peu et l'appréciaient mal ; encore enfant,
Léopardi était traité par les Recanatais de « petit
pédant », « philosophe », « ermite ».

Quant aux mécomptes amoureux auxquels on
attribue la plus lourde part de son pessimisme, ils
n'en ont qu'une bien légère à revendiquer dans
la théorie de l'Infélicita. Léopardi, il est vrai, a eu
quelques désillusions et une passion malheureuse
pour une belle Florentine — la princesse Bona-
parte sans doute ? — qu'il a chantée sous le nom
d'Aspasie. Mais l'amour du poète est resté chaste
et mystique ; il a aimé une idole et son culte même
de l'amour trahit l'homme condamné au pessimisme.

Ce culte témoigne aussi du chrétien demeuré en
lui ; c'est ce qu'a très bien vu Sainte-Beuve :
« *Sans s'en douter, il avait gardé du christianisme
en lui, les Anciens n'aimaient pas, à ce degré de
passion, l'amour et la mort...* Quelques-unes de
ses pièces semblent être d'un Pétrarque athée, mais
d'un Pétrarque encore [1]. »

Par l'amour, auquel il s'était donné « éperdu-
ment », Léopardi s'est cru guéri : « J'ai été désen-
chanté du désenchantement », écrit-il (par l'amour
d'une femme) ...je suis encore capable d'illusions
durables, mon cœur ressuscite après un long som-
meil. »

L'illusion, hélas ! fut de courte durée, mais il
n'est peut-être pas téméraire d'affirmer que si Léo-

---

1. Sainte-Beuve, *Portraits contemp.*, t. III, p. 99. Aussi
ne pouvons-nous admettre la thèse que soutient l'auteur,
à côté de celle-ci et qui, selon nous en est la contradiction,
— à savoir que Léopardi est un « *ancien* venu trop tard...
un homme de la Grèce héroïque ou de Rome libre ».

pardi avait été beau comme Byron et aimé comme lui, il eût été plus désillusionné encore.

Son besoin d'amour, en tout cas, ne diminuait pas sa clairvoyance, et Léopardi n'a pas laissé des femmes un portrait plus flatté que celui qu'a fait d'elles Schopenhauer.

Il sait à quoi s'en tenir sur leur vertu :

FARFADET. — Veux-tu séduire une femme plus chaste que Pénélope ?

MALAMBRUN. — Je me passe du diable pour ces sortes de besognes. (*Dial. de Farfadet et Malambrun* [1].)

Ecrivant à son ami Brighenti (1820), Léopardi lui dit : « La scélératesse des femmes *m'épouvante*, non pour moi, certes, mais pour les autres dont je vois le malheur... J'ai le cœur si bien *glacé* par la triste connaissance de la vérité, qu'avant d'avoir aimé j'ai perdu la faculté d'aimer. »

Remarquons la force des expressions. Il y a là une sorte de grossissement romantique qui trahit encore l'ex-croyant [2]. Il faut avoir eu l'idée de la pureté féminine, il faut avoir projeté un hymne à la Vierge Marie pour être aussi *épouvanté* en présence de la « triste vérité ». Car la vérité ne peut être triste que par rapport à une autre vérité qui s'est révélée erreur.

On a voulu faire encore de Léopardi un patriote exaspéré par l'inertie lâche de son pays. Mais pre-

1. Léopardi, *Opuscules et Pensées*, p. 35.
2. Au fond, Léopardi est un *romantique* et un *poète* et c'est ce poète romantique qui en a inspiré un autre en la personne de Musset (*Après une lecture*). Le désespoir de Léopardi fait parfois songer à celui de Rolla :

« Jésus, ce que tu fis, qui jamais le fera ?
« *Et que nous reste-t-il, à nous les déicides ?*

nous garde qu'il en est peut-être du patriotisme comme de l'amour : il témoigne surtout du besoin d'enthousiasme d'une âme qui cherche des dérivatifs à son besoin de religion. Le patriotisme de Léopardi est rétrospectif, il s'exalte au souvenir des héros et des poètes, il s'alimente — comme l'amour — à la lecture de Pétrarque. « J'aime les vers de Pétrarque, a avoué Léopardi, parce que j'y trouve mon apologie et parce qu'ils ne parlent presque que de moi. »

Ce patriotisme est tout littéraire et il n'a pas donné à Léopardi la force d'espérer en l'avenir de son pays.

A travers les circonstances qui ont attristé la vie du poète, c'est donc toujours l'homme que nous apercevons, l'homme avec son âme ardente et désillusionnée. Si nous ne voulons chercher qu'en lui-même les origines de son pessimisme, du moins nous conformons-nous au désir de Léopardi, qui a toujours protesté contre les explications trop faciles. « Quels que soient mes malheurs », écrit-il à M. de Sinner, « qu'on a jugé à propos d'étaler et que peut-être on a un peu exagérés, j'ai eu assez de courage pour ne pas chercher à en diminuer le poids ni par de *frivoles espérances d'une prétendue félicité future et inconnue*, ni par une *lâche résignation*. Ç'a été par suite de ce même courage qu'étant amené par mes recherches à une philosophie désespérante, je n'ai pas hésité à l'embrasser tout entière. Tandis que de l'autre côté, ce n'a été que par effet de la lâcheté des hommes, qui ont besoin d'être persuadés du mérite de l'existence, que l'on a voulu considérer mes opinions philosophiques comme le résultat de mes souffrances par-

ticulières et que l'on s'obstine à attribuer à mes
circonstances matérielles ce qu'on ne doit qu'à
mon entendement. Avant de mourir, je vais protester contre cette invention de la faiblesse et de
la vulgarité... »

J'ai souligné deux phrases qui sont des allusions
très nettes aux promesses de la religion, et qui
montrent que Léopardi, affranchi de toute croyance,
gardait cependant le souvenir de ce que la religion, jadis, lui avait offert et lui offrirait aujour-
d'hui encore s'il recourait à elle : dans sa déclaration on sent l'orgueil du révolté, — on perçoit
aussi la haine du converti envers son dieu de la
veille.

Léopardi, en effet, n'a pas toujours été l'incroyant qu'il déclare être. Il appartenait à une
famille pieuse, qui recueillit même, à l'époque où
le poète était enfant, des prêtres chassés par la
Révolution. Ce sont des prêtres qui furent les pré-
cepteurs de Léopardi.

Pour échapper à une existence dont nous avons
rappelé la tristesse, la sœur du poète, sa chère
Paolina, songe à se faire religieuse, — et à cette
date c'est un projet qu'on ne serait pas surpris de
rencontrer chez Léopardi. Dans un *Essai philolo-
gique*, œuvre de sa jeunesse, il insère un hymne
à la religion, dans lequel il s'écrie : « Celui-là ne
sent point les doux frémissements d'un amour
parfait, ne connaît point les extases dans lesquelles
jette une méditation ravissante, — qui ne sait point
t'aimer avec transport, qui ne se sent point entraîné
vers l'objet ineffable du culte que tu nous ensei-
gnes [1]. »

1. *In* Sainte-Beuve, *Op. cit.*, p. 76.

Ce ton nous explique l'amertume particulière du pessimisme ultérieur : le « sombre amant de la mort » restera fidèle au même lyrisme, alors même qu'il se révoltera contre les dieux qu'il avait chantés.

C'est vers 1820 que se place, chez Léopardi, la crise douloureuse qui marque sa définitive « conversion philosophique ». Il en sortit, ainsi qu'il l'écrit à Giordani, « desséché comme un roseau », et pensa ne pouvoir croire à rien parce qu'il ne croyait plus en Dieu, — ne pouvoir rien aimer, parce qu'il n'aimait plus le Dieu de son enfance. Cependant l'esprit seul était converti, l'homme n'avait pas changé, et du conflit subitement survenu entre la raison et le cœur, entre l'esprit désabusé et les besoins de l'être intime demeurés les mêmes, le pessimisme allait jaillir.

Léopardi n'eut point à lutter, il ne connut pas les retours à la foi, il garda, calme et ferme, ses convictions nouvelles. Cependant, en lui grondait quelque chose comme une colère que la vérité ne fût pas ce qu'elle aurait pu être, ce que tant d'autres et lui-même avaient cru qu'elle était. En lui la foi était morte, mais le souvenir en demeurait et Léopardi ne trouvait l'homme si vil, l'existence si terne, qu'en comparaison de la grandeur qu'il avait attribuée à l'un, du bonheur auquel il avait cru que conduisait l'autre. De là l'âpreté qui se retrouve dans toutes ses déclarations pessimistes, de là leur caractère d'exagération.

Dans la mort, il ne voit plus que l'engloutissement complet. « Aujourd'hui, (dit la Mode dans un dialogue avec la Mort), quiconque meurt peut être assuré qu'il ne restera rien de lui et qu'il passe sous terre tout entier comme ces petits poissons qu'on mange sur un morceau de pain, d'une seule bouchée [1]. »

Quant à la vie, il en eût accepté cette définition : « L'usufruit d'une agrégation de molécules », — mais il eût ajouté : usufruit imposé, car s'il l'eût pu, certes, il eût renoncé à la succession !

Le point de départ, en effet, de toutes ses considérations sur la vie, c'est cet axiome : que les hommes naissent et vivent dans la souffrance [2]. Ils ne lui échappent momentanément que pour subir la torture d'un mal non moins redoutable. Rousseau accusait la civilisation de pervertir les hommes, du moins croyait-il que tout était bien sortant des mains du Créateur. Léopardi ne partage pas cette illusion : « Les hommes sont mauvais par nature, écrit-il, mais ils aiment à croire qu'ils le sont devenus par accident. »

La civilisation est-elle un bien ou un mal ? Il nous laisse tirer nous-mêmes la conclusion d'un petit voyage que Prométhée et Momus entreprennent sur la terre. Nos touristes rencontrent des peuples encore barbares et vivant à l'état primitif : il faut bien que Prométhée en convienne, ces hommes ne sont que des animaux un peu plus immondes et cruels que les autres, car chez aucun autre on ne voit les parents manger leurs petits. Il n'y a guère qu'un point du globe où soit parvenue une civilisation avancée — et cela au prix de quels efforts ! Prométhée et son ami sont à Londres, et c'est chez un Anglais qu'ils vont observer les salutaires effets de cette civilisation. Quelle

1. *Opuscules et Pensées*, p. 27.
2. *Dialogue de la Nature et d'une Ame*, op. cit., p. 38.

n'est pas la stupeur de Prométhée qui voit le gentleman se suicider ! Et Momus lui explique que
ce gentleman était las de s'ennuyer. L'ennui croît,
en effet, avec les progrès de la civilisation et quand
le dégoût de la vie devient trop intense, le suicide
est le seul moyen de s'y soustraire.

Il est à remarquer qu'à la différence des pessimistes allemands, Léopardi ne blâme pas le suicide. C'est qu'il n'a pas, comme eux, rattaché son
pessimisme à un principe métaphysique (vouloir-
vivre, inconscient), de sorte qu'il n'a pas lieu d'opposer au suicide les mêmes fins de non-recevoir.
Et le suicide est bien l'expression d'une révolte
anti-religieuse, mais qui implique un tempérament,
un besoin religieux insatisfait par la religion qui
s'offrait. Cependant, si l'on ne se tue, que faire ?
Léopardi n'a cessé de le dire : endurer l'ennui et,
tant que son poids n'excède pas nos forces, le supporter comme la forme la moins douloureuse de la
souffrance, — c'est-à-dire comme l'état le plus heureux auquel nous puissions prétendre.

Et une seule consolation reste à Léopardi : un
sentiment de légitime fierté en songeant au prix
d'un ennui tel que le sien, à l'abîme qui sépare
une stoïque résignation du désœuvrement vulgaire.

« Dire que l'ennui est un mal commun », écrit-il
dédaigneusement, « c'est s'exprimer d'une manière
fort impropre ; il est commun de se trouver inac-
tif, mais non d'être ennuyé. L'ennui n'est accessible
qu'aux gens intelligents. Plus l'esprit est puissant,
plus l'ennui est fréquent, pénible, atroce. »

Léopardi est la première grande victime de l'ennui ; aucun homme avant lui ne l'avait ressenti
d'une manière aussi intense, aussi ininterrompue,

aussi douloureuse. L'ennui s'est infiltré jusqu'au
fond de lui, l'a traversé d'outre en outre : c'est
son état normal. Ecoutons comme il traduit son
impression par la bouche du Tasse :

« Il me semble que l'ennui doit être de la nature
de l'air, lequel remplit les interstices laissés par
les autres corps matériels et les vides contenus dans
chacun d'eux. Chaque fois qu'un corps disparaît
sans être remplacé par un autre, l'air lui succède
aussitôt. Ainsi, tous les intervalles de la vie
humaine, entre les plaisirs et les chagrins, sont occu-
pés par l'ennui et comme, selon les péripatéliciens,
il ne peut y avoir de vide dans la nature, il n'y a
de vide dans l'existence humaine que si, pour une
cause ou pour une autre, l'esprit perd la faculté
de penser. »

N'est-ce pas ce que va répéter mot pour mot
Schopenhauer : « La vie de l'homme oscille comme
un pendule entre la Douleur et l'Ennui : tels sont,
en réalité, ses deux derniers éléments. »

Léopardi s'est vite aperçu que le bonheur est
chose toute négative, le non-être préférable à l'être ;
avant que Schopenhauer ne prêche l'ascétisme, le
Nirvàna est déjà la volupté suprême qui le fascine.

Aussi, quel n'est pas le mépris de Léopardi pour
les hommes, ses semblables ! A la façon d'un Montaigne, son premier soin est de ne pas leur laisser
d'illusion, de rabaisser impitoyablement leur
orgueil, de les traîner dans la fange.

Son spirituel Dialogue d'un Gnome et d'un Follet, pourrait être, en effet, rapproché de l'Apologie
de Raymond Sébond. La race humaine a disparu
de la surface de la terre ; le Follet en fait part à
son compagnon :

« Depuis sa disparition, la terre ne semble rien regretter, les fleuves coulent comme devant et la mer, pour ne plus porter de vaisseaux, ne se dessèche nullement, les astres n'ont pas pris le deuil, le soleil ne s'est pas couvert de cendres comme il le fit, suivant Virgile, à la mort de César (dont il s'est d'ailleurs probablement aussi peu soucié que la statue de Pompée). »

« LE GNOME. — J'aimerais à ressusciter un ou deux de ces gredins pour savoir ce qu'ils diraient en voyant le monde continuer sa marche malgré la disparition du genre humain, qui croyait la création entière faite pour son usage.

« De toutes les vanités, écrivait déjà Montaigne[1], la plus vaine, c'est l'homme. Qu'il me fasse entendre, par l'effort de son discours, sur quels fondements il a bâti ces grands avantages qu'il pense avoir sur les autres créatures !... Qui lui a persuadé que ce branle admirable de la voûte céleste, la lumière éternelle de ces flambeaux roulant si fièrement sur sa tête, les mouvements épouvantables de cette mer infinie, soient établis et se continuent tant de siècles pour sa commodité et pour son service ?... Est-il possible de rien imaginer de si ridicule que cette misérable et chétive créature qui n'est pas seulement maîtresse de soi, exposée aux offenses de toutes choses, et se dit maîtresse de l'Univers ? »

« T'imaginais-tu, par hasard, fait dire Léopardi à sa Nature, que le monde fût fait pour toi ? Eh bien, sache que dans mes desseins, dans mes arrangements et dans mes actes, je m'occupe de tout autre chose que du bonheur ou du malheur des

---

1. *Apologie*, livr. II, ch. XII.

hommes. Ce que je fais n'est nullement destiné à
vous être utile ou agréable, comme vous semblez
le croire, et si par hasard il m'arrivait d'extermi-
ner toute votre espèce, c'est à peine si je m'en dou-
terais [1]. »

N'est-ce pas ces lignes que le poète des Destinées a mises en vers :

> ... Je suis l'impassible théâtre
> Que ne peut remuer le pied de ses acteurs ;
> Je n'entends ni vos cris, ni vos soupirs ; à peine
> Je sens passer sur moi la comédie humaine
> Qui cherche en vain au ciel ses muets spectateurs.
> On me dit une mère et je suis une tombe,
> Mon hiver prend vos morts comme son hécatombe.
> Mon printemps ne sent pas vos adorations [2].

Ce pessimisme paisible, débarrassé de toutes les
illusions, cet aperçu tranquillement désolé des
choses, sont arrivés à leur terme : ce Dialogue de
la Nature et d'un Islandais, Hartmann semble y
avoir puisé, en tout cas il ne l'a pas dépassé.

Précisément parce qu'il semblait sans issue, ce
pessimisme a soulevé une objection. Selon
M. Heyse, le fait que Léopardi ne s'est pas suicidé
permet de mettre en doute sa sincérité.

Cet argument est absolument sans valeur.

D'abord, on pourrait faire remarquer que Léopardi est mort très jeune (à trente-neuf ans), et
que s'il eût vécu plus longtemps, on ne peut pas
répondre que, vaincu dans la lutte avec l'ennemi,

1. Dialogue de la Nature et d'un Islandais (*Op. et Pensées*, p. 86).
2. Vigny, La maison du Berger. Cf. Léopardi, « La
Nature, de fait, est la mère des mortels — de cœur, elle
est leur marâtre volontaire ». (*Poésies, Le Genêt*, p. 363.)

il n'en serait pas venu à se délivrer lui-même. Parfois, en effet, il lui échappe une plainte navrante qui trahit son épuisement, son infinie lassitude.

Hésite-t-on un instant à reconnaître Léopardi sous le pseudonyme de Tristan ?...

« Je désire ardemment la mort et par-dessus toutes choses, avec une ferveur et une sincérité telles que bien peu d'hommes ont pu la désirer ainsi. Je ne vous parlerais pas ainsi si je n'étais sûr que, l'heure venue, mes actes ne démentiront pas mes paroles... Sans apercevoir encore d'issue à ma vie, je n'en ai pas moins la certitude que l'heure dont je vous parle n'est pas loin. *Je suis mûr pour la mort et il serait trop absurde, trop invraisemblable, étant* MORT PAR LA VOLONTÉ[1] *comme je suis, et la fable de ma vie étant à tous égards finie, de vouloir végéter encore les quarante ou cinquante années dont me menace la nature.* »

Bien des fois, l'idée du suicide dut obséder Léopardi, l'attirant jusqu'au bord du gouffre. Il ne s'y est pas précipité, il est vrai, il a attendu, dédaigneux d'agir, qu'il fût poussé... Se tuer, n'est-ce pas avouer que l'on conservait une dernière illusion ? Pourquoi rejeter la vie, si l'on n'attend plus rien d'elle ? Ce sont des romanesques, ceux-là qui se tuent : ils demandaient trop à la vie, ils n'ont pas pu se contenter de ce qu'elle pouvait leur donner, et plutôt que de lui faire des concessions, ils l'ont désertée. Cette condition n'est-elle pas tout proche de la sienne ?

Cependant, Léopardi savait très au juste ce que

---

1. Les expressions sont ici les mêmes que chez Schopenhauer.

valait la vie. Il n'éprouvait pour elle qu'un dégoût infiniment las ; depuis l'âge de vingt ans, il était comme Tristan, « mort par la volonté », il ne se sentait plus guère vivre et se contentait de végéter.

Il savait, d'ailleurs, trop bien à quoi s'en tenir sur la faiblesse de la nature humaine pour ne pas convenir (et cela sans la moindre humiliation), que le plus insignifiant motif était suffisant à le retenir. Il savait même qu'il n'est besoin, pour continuer de vivre, d'aucun motif particulier :

Il faut si peu de chose pour faire accepter chaque jour,
L'aube, avec un bouton de rose, nous intéresse à son
[retour.

Le suicide devait apparaître à Léopardi tel qu'une marée montante : sans doute elle finirait par l'emporter, mais combien lui faudrait-il encore de temps ? La mort n'arriverait-elle pas la première ?

En attendant le rien fatal qui devait faire pencher la balance et déterminer de sa part un acte, Léopardi se laissait vivre, résigné et méprisant.

Une telle sorte de patience exige plus de courage qu'il n'en faut pour se tuer — et cela, elle l'exige sans répit, à chaque seconde du jour. Aussi trouve-t-on plus aisément des blasés qui se suicident, (comme l'Anglais de Prométhée), que des désespérés stoïques à la façon de Léopardi.

C'est pourquoi on n'a guère songé à combattre ses théories : ainsi entendu, le pessimisme n'est guère dangereux. A la suite de Werther, des jeunes gens s'étaient suicidés : l'exemple de Léopardi a semblé avec raison devoir être beaucoup moins contagieux.

C. BOS.

Un tel homme ne devait pas, ne pouvait pas être apprécié de son vivant.

Il savait, d'ailleurs, que les hommages de la foule ne sont pas pour les hommes comme lui, et trop fier pour être vaniteux, il ne souffrait point de ne pas connaître la gloire.

Il semble, en revanche, avoir nettement prévu le sort qui lui était réservé. « Il est probable, dit un de ses personnages, que tu te heurteras au dédain et à l'indifférence des hommes... Mais après ta mort, comme il advint à un certain Camoens et quelques années plus tard, à un nommé Milton, tu seras exalté et porté aux nues, sinon par tous, au moins par le petit nombre des esprits supérieurs... Les incidents de ta vie feront l'objet des études et des écrits de plusieurs savants, enfin le monde entier sera plein de ton nom. »

Nous sommes obligés d'en convenir, Léopardi n'est encore apprécié à cette heure que « du petit nombre des esprits supérieurs ». Mais il tend à prendre sa vraie place parmi les grands penseurs du xixᵉ siècle et peut-être, à la fin du suivant, « le monde sera-t-il plein de son nom. » Car Léopardi incarne, sous sa forme la plus sincère et la plus récente, la disposition affective qui constitue le pessimisme.

Nous avons reconnu en lui, en effet, ce caractère de gravité, ce besoin d'absolu, cette ardeur que nous avions déjà constatés chez Pascal. Le poète italien a d'ailleurs été souvent rapproché de l'auteur des *Pensées* : c'est, chez les deux enfants, même précocité, c'est le même génie qui fait inventer à l'un la géométrie, à l'autre la philologie. Cependant, ces tendances analogues allaient évo-

luer très différemment : la foi, sous sa forme la
plus intransigeante, allait sauver Pascal, tandis
que la négation où aboutissait Léopardi allait le
jeter dans le pessimisme.

Mais pas plus que celui de Pascal, le cas du
poète ne doit nous alarmer, car nous avons dépassé
le point de vue de Léopardi, comme celui du philosophe.

Cet athée était trop près de la foi qui venait de
s'écrouler en lui pour entrevoir, entre elle et l'absolue négation, le sentier conduisant à une foi nouvelle. Ce qui lui a manqué, le temps nous a permis
de l'acquérir : nous nous sommes habitués à nos
négations et, poussés par ce qu'il y a d'éternel
dans le besoin qui tourmentait Léopardi, nous
avons remplacé la foi morte par une foi vivante.
Si nous ne croyons plus au paradis, du moins
pensons-nous que notre vie a une autre valeur que
celle du « petit poisson » ; et si nous repoussons
certaines croyances traditionnelles, du moins ne
sommes-nous pas pour cela, comme Léopardi,
« sans enthousiasme », et ne déclarons-nous pas
« qu'aucune passion ne trouve l'entrée de notre
âme ».

« La puissance éternelle et souveraine de
l'amour » n'est pas anéantie en nous comme en lui.

FÉMINISME

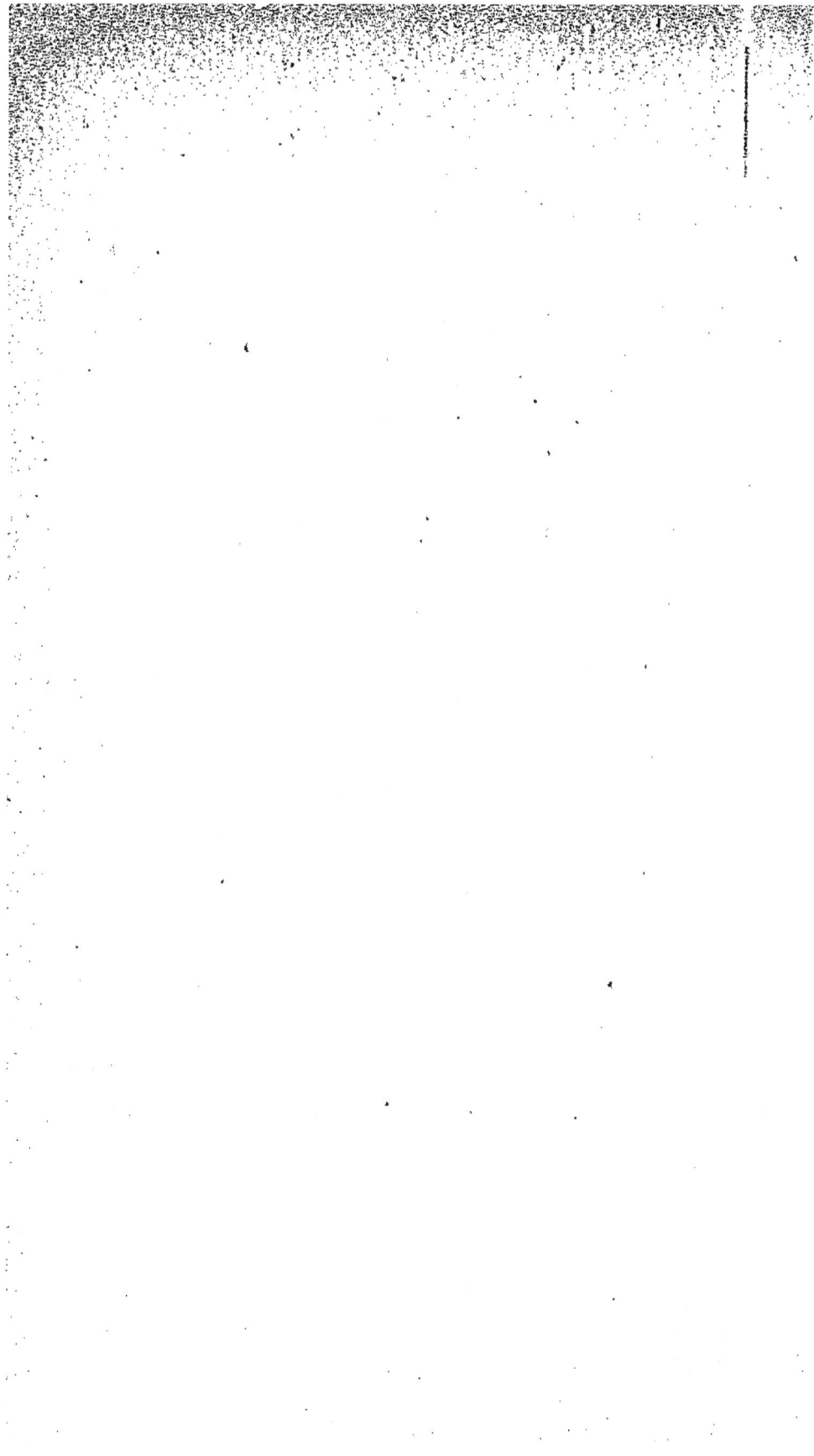

LE FÉMINISME DEVANT LA SCIENCE

« Chez les animaux, le mâle et la femelle ont les mêmes occupations ; il en est autrement dans l'espèce humaine civilisée... »

ED. DE HARTMANN
(*De l'Inconscient*, p. 241.)

On est toujours mal venu à vouloir endiguer le courant qui entraîne une époque ; si le résultat obtenu n'est pas l'inverse de celui qu'on poursuivait, il reste que l'effort a été inutile et que l'on a paru malhabile.

Le rôle de Cassandre est toujours un rôle ingrat.

Pour médire du féminisme, d'ailleurs, l'heure semble étrangement choisie, car non seulement il avance à pas de géant, mais encore il semble justifié par des succès apparents.

Nous n'irons point contre ces apparences. Nous n'attaquerons pas directement le féminisme, nous l'examinerons seulement du point de vue scientifique : ce sera peut-être en saper les fondements et le ruiner en sous-œuvre.

En tout cas, ce sera l'occasion de faire une remarque singulière ; à savoir que *le féminisme auquel aboutit un siècle scientifique*, le féminisme réclamé au nom de la science, ne peut se justifier

devant elle et se révèle en contradiction avec toutes
les conclusions que cette même science est arrivée
à établir.

La critique *scientifique* du féminisme en est la
condamnation.

Quel est, en effet, le mot d'ordre du féminisme ?
Toutes les revendications sont faites au nom de
l'Egalité : la femme se déclare et se veut l'égale
de l'homme. Qu'elle le puisse être, ce n'est pas
ce que nous voulons nier, mais autre chose est de
rechercher le sens de cette égalité, si elle est conforme à la loi d'évolution, si par conséquent elle
constitue le progrès auquel on doit tendre, — ou
si elle n'est pas plutôt un retour en arrière vers
une forme ancestrale, — c'est-à-dire un symptôme
infaillible de décadence.

L'égalité entre les deux sexes se trouve-t-elle
réalisée par la nature à un stade quelconque de
son évolution ? Et si nous la rencontrons, comment convient-il de l'interpréter ?

Si, avant de consulter l'histoire de l'humanité,
nous jetons un coup d'œil sur celle des animaux,
nous trouvons réalisée parmi eux cette indifférence
de fonctions que nous recherchons. Mais c'est au
début même de la vie, parmi les organismes infé-
rieurs que nous la rencontrons. En revanche, à
mesure que nous nous élevons dans l'échelle des
êtres, la différenciation des sexes s'accentue paral-
lèlement au progrès, si bien que dans les sciences
biologiques un haut degré de différenciation
sexuelle est synonyme d'un haut degré de perfectionnement.

Les animaux nous montrent, en effet, qu' « au
commencement était l'hermaphrodisme ». C'est

chez les protozoaires que nous trouvons l'uniformité sexuelle réalisée dans la conjugaison de deux êtres semblables. Mais ici déjà, dans les classes où nous observons un progrès, nous trouvons en même temps une différenciation entre les deux êtres qui s'unissent : chez les vorticelles, par exemple, macrogamètes et microgamètes sont déjà très distincts les uns des autres. Enfin chez les métazoaires, surtout chez les vertébrés supérieurs, la différenciation va sans cesse croissant. Les sexes se séparent chez les cœlhelminthes et dès lors, entre le mâle et la femelle, les caractères distinctifs se multiplient. Ils apparaissent dans la taille (mâle nain des rotifères, de l'anguille) ; dans la forme des individus (vers luisants) ; dans la conformation des organes génitaux et la situation de leurs orifices (onzième ou treizième segment du corps chez les crustacés) ; dans la présence d'appendices spéciaux (organes préhenseurs des amphibies mâles, organes servant à cacher les œufs des insectes femelles) ; dans les dérivés épidermiques (crinière du lion, cornes des ruminants, bois des cerfs). Mais ce dimorphisme sexuel nous est surtout familier chez les oiseaux, où le plumage aux couleurs variées est l'apanage des mâles, lesquels, outre cette « robe nuptiale », sont encore seuls à posséder certaines parures, telles que l'ergot, la collerette. Enfin chez les mammifères, la différenciation est à son comble : rappelons-nous le système pileux du mâle, l'appareil sécrétoire avec les glandes mammaires et la poche marsupiale de la femelle, le système uro-génital avec ses conduits indépendants dans un sexe, mixtes dans l'autre.

Si l'homme est vraiment le roi de la création,

ne peut-on s'attendre à trouver chez lui un plus
haut degré de différenciation sexuelle que chez
tous ses ancêtres? Et, de fait, l'histoire de son
développement nous montre qu'il en va bien ainsi.
En vertu de la grande loi biogénétique, posée par
Hæckel et suivant laquelle l'ontogénie serait la
reproduction abrégée de la philogénie, nous allons
retrouver successivement dans l'embryogénie humaine la série des stades réalisés par la série des
êtres et qui nous présenteront, à chaque étape,
une différenciation sexuelle plus accentuée.

Mais l'ontogénie nous apprendra aussi que si
l'homme traverse les stades réalisés par ses ancêtres, *c'est pour les dépasser.*

Lorsque la Nature ébauche la Vie, dans son travail primitif et encore grossier, elle ne se soucie
pas de différencier les êtres, de leur assigner des
rôles sexuels divers. Au début de la vie embryon-
naire, nous trouvons une glande génitale herma-
phrodite, « une petite proéminence, un épaississe-
ment qui se rencontre aussi bien chez l'embryon
qui évoluera dans la direction du sexe femelle, que
chez celui qui deviendra un mâle [1]. » Cette première forme de glande sexuelle reste indifférente
jusqu'à la fin du deuxième mois de la vie embryon-
naire, mais à partir de ce moment commence une
évolution complexe qui aboutit à un type sexuel
défini [2].

La différenciation se poursuivra chez l'enfant
devenu grand et la puberté apportera de nouveaux

1. Mathias Duval, *Cours de physiologie*, 8e édit., p. 612.
2. Chez tout individu d'un sexe subsiste, cependant,
l'ébauche du sexe opposé, de sorte que les termes d'homme
et de femme désignent de simples prédominances, ce dont
un auteur a tiré de curieuses conséquences au point de

caractères distinctifs à la jeune fille et au jeune homme.

Plus tard encore, la maternité portera à leur maximum les dissemblances entre l'homme et la femme adultes.

Cette direction très nette que poursuit la nature à travers la hiérarchie des êtres et qu'elle maintient au cours de l'histoire individuelle, cette tendance indéniable vers une différenciation croissante, devraient rendre songeurs ceux qui, au nom de la science, affirment le parallélisme psycho-physique et font, en conséquence, dépendre nos capacités de nos organes. Les lois de la vie semblent bien établir que la *surfemme* sera plus différente encore du *surhomme* que la femme ne l'a été jusqu'ici de l'homme, et que, par suite, le féminisme contredira plus violemment encore à sa nature intime.

C'est, d'ailleurs, une hypothèse que nous pouvons partiellement vérifier : pour cela, rappelons brièvement quelques unes des différences qui, d'après les anthropologistes, séparent actuellement l'homme de la femme, cherchons si ces différences ont toujours été ce qu'elles sont aujourd'hui, — après quoi nous aurons le droit de penser qu'elles continueront à s'accentuer dans le même sens.

Tout d'abord les conditions seraient autres dans

vue féministe. L'émancipation ne saurait être accordée à toutes les femmes, elle doit être *proportionnée à la masculinité de chacune !* Car c'est alors, en elles, l'homme qui veut s'affranchir et cela est légitime. (Cf. D' Otto Weininger, *Geschlecht und Charakter*, Vienne, 1903.)

Quant au dosage de cette masculinité, nécessaire pour obtenir le droit à l'émancipation, il présente des difficultés sur lesquelles nous préférons ne pas insister.

lesquelles pourrait s'effectuer la conception d'un homme ou celle d'une femme. M. Fouillée[1] croit trouver dans la statistique la preuve qu'il faut une meilleure nutrition pour engendrer une femme ; c'est ainsi qu'après des guerres, des disettes, dans les pays pauvres, il relève une prédominance des naissances mâles. La femme restera, d'ailleurs, toujours essentiellement différente de l'homme, elle rentrera dans les « tempéraments d'épargne », tandis qu'il possède un « tempérament de dépense ».

Chez l'individu adulte, la science constate entre l'homme et la femme des différences dans la composition du sang (le nombre de globules rouges par millimètre cube serait d'environ cinq millions chez l'homme, quatre millions chez la femme) ; la quantité totale du sang serait d'ailleurs plus grande chez celui-là que chez celle-ci.

Quant au système nerveux, la substance blanche l'emporterait chez la femme sur la grise, à l'inverse de ce qui a lieu chez l'homme (Baistrocchi).

L'écorce du cerveau varierait moins aux divers âges chez la femme que chez l'homme (Conti), etc.

Nous n'insisterons pas sur ces différences que les anthropologistes, les moralistes et les sociologues ont relevées en grand nombre. Nous avons hâte de nous poser une question importante : les diffé-

1. *Tempérament et Caractère*, p. 200. Cf. « La Psychologie des sexes » (*Rev. des Deux Mondes*, sept. 1893.) M. Fouillée signale d'abord le contraste entre les germes, entre les deux cellules reproductrices masculine et féminine, caractérisées l'une par l'*indépendance*, l'autre par la *solidarité*. Il insiste ensuite sur les divergences sexuelles « d'autant plus marquées qu'on s'élève davantage dans « l'échelle de l'évolution. C'est donc dans les individus « humains les plus développés qu'on peut lire le mieux « les traits physiologiques qui séparent les sexes. »

rences aujourd'hui constatées ont-elles toujours existé et ont-elles toujours été aussi tranchées ?

Là-dessus tous les naturalistes sont d'accord pour répondre par la négative. « L'anthropologie nous démontre que les différences physiques n'étaient pas aussi grandes qu'elles le sont aujourd'hui entre l'homme et la femme. » (Topinard, *Anthropologie*, cf. Waitz, id.)

Comme un symbole de toutes les autres, observons la différence des volumes craniens : elle a toujours été s'accentuant. « La différence entre la moyenne des crânes des Parisiens contemporains et celle des Parisiennes est presque double de celle observée entre les crânes masculins et féminins de l'ancienne Egypte [1]. » Et d'ailleurs on peut dire « qu'à mesure que nous avançons dans la civilisation, la femme s'éloigne de plus en plus de l'homme [2] ».

Et la conclusion que veulent tirer de ces faits ceux qui plaident le parallélisme du physique et du moral, c'est... que la femme est devenue d'autant plus apte à exercer les fonctions jusqu'alors réservées à l'homme. Étrange logique !

Il semblerait plutôt que le féminisme ait dû caractériser les sociétés primitives, alors que la différenciation était presque nulle entre individus des deux sexes. Et, en effet, si nous consultons l'histoire, nous constatons qu'au début des civilisations, la femme participe de toutes les formes d'activité de l'homme. Chez un grand nombre de peuples primitifs, elle se mêle à la vie politique

---

1. Le Bon, *L'homme et les sociétés*, t. II, p. 154.
2. *Op. cit.*, p. 155.

(chez les Iroquois) et accompagne l'homme à la guerre (chez les Natchez).

Le régime uniformitaire que réclame aujourd'hui notre siècle « scientifique » ne constituerait pas un progrès sur l'antiquité, car au temps de Platon — à une époque dont les connaissances scientifiques se peuvent mesurer aux fantaisies du *Timée*, — ce philosophe veut « mettre la nature des femmes en harmonie avec celle des hommes, dont *elles ne diffèrent guère* et leur donner à toutes les mêmes occupations qu'à ceux-ci, et à la guerre et dans toutes les circonstances de la vie[1] ».

Platon revient à plusieurs reprises sur cette idée que les femmes doivent, comme les hommes, faire de la médecine ou de la philosophie (cf. *Timée* et *Répub.* liv. V), « être formées au métier de la guerre et traitées en tout comme des hommes ».

— Mais, dira-t-on peut-être, cela prouve que Platon était merveilleusement en avance sur son siècle ?...

Prenons garde, cependant, aux arguments qu'il invoque et après examen desquels nos féministes modernes ne seront plus guère tentés de revendiquer Platon pour un des leurs !

« Croyons-nous, dit-il, que les femelles des chiens doivent veiller comme eux à la garde des troupeaux, aller à la chasse avec eux et faire tout en commun, -- ou bien qu'elles doivent rester au logis comme si, occupées à faire des petits et à les nourrir, elles étaient incapables d'autre chose, tandis que le travail et le soin des troupeaux seront le partage exclusif des mâles[2] ? »

---

1. *Timée*, trad. Saisset, p. 162.
2. *République*, livr. V, p. 241 de la trad. Saisset.

Ainsi, ce n'est pas en prenant comme modèle un idéal *futur* que Platon demande l'égalité des sexes, — mais en cherchant des comparaisons au-dessous de l'humanité.

Et nous avons montré, en effet, que c'est là qu'il les pouvait trouver.

Au contraire, la loi suivant laquelle nous avons vu tout progrès s'accomplir est la loi de la division du travail, poussée toujours plus loin. La différenciation a marché de front avec la civilisation, nous dit expressément M. Durkheim, et le mariage, suivant divers auteurs (Durkheim, Grosse), ne fonde lui-même la *société*, en progrès sur la *communauté*, que parce qu'il différencie plus nettement la femme de l'homme, en assignant à chacun, avec des rôles distincts, des droits et des devoirs propres [1].

Il semble bien que nous aboutissions à une impasse. Refuserons-nous d'accepter les conclusions auxquelles nous sommes amenés ? — Mais cela est tout à fait illégitime, car c'est la science elle-même qui nous garantit la valeur de l'induction à laquelle ses lois nous conduisent. Accepterons-nous, au contraire, les conséquences du féminisme et consentirons-nous à favoriser la décadence et finalement la disparition de notre race ?

Dans cette alternative, une dernière solution semble s'offrir, qui concilierait tout. Ne pourrait-on associer l'une à l'autre la Nature et la Civilisation ? Ne pourrait-on admettre que la Nature réalisât une différenciation croissante entre les

---

1. Durkheim (*Division du travail social*, p. 58) : « C'est la division du travail sexuel qui est la source de la solidarité conjugale. »

types masculin et féminin, — en même temps que l'humanité s'efforcerait vers une uniformité croissante entre les occupations de l'homme et celles de la femme ?

Mais c'est encore la science elle-même qui réfute cette hypothèse et nous montre la contradiction qu'elle implique.

Nous invoquions tout à l'heure la corrélation entre l'organe et la fonction, mais cette loi du « féminisme viscéral [1] » a deux aspects dont l'un, réciproque de l'autre, est tout aussi fondé scientifiquement, et s'il est vrai que l'organe conditionne la fonction, il est établi aussi que la fonction crée l'organe. Une femme dont le genre de vie et les travaux seraient d'un homme, développerait en elle les aptitudes *et les organes* qui lui sont communs avec l'homme (c'est-à-dire surtout le cerveau), mais en elle s'atrophieraient graduellement les instincts *et les organes* féminins. Il se produirait une sorte de suppléance fonctionnelle. Devenue moins femme, au sens biologique du mot, celle que nous avons considérée serait, après quelques générations, le point de départ d'une variété nouvelle et fixée, d'une sorte de femmes plus proches de l'homme et qui nous ramènerait ainsi à un type antérieur, à un stade dépassé.

Il y a là plus qu'un danger à prévoir : il y a un fait partiellement accompli, dont la science a pu nous montrer les conséquences futures, mais à la réalisation duquel elle ne s'oppose aucunement. De même qu'elle offre à l'horticulteur et à l'éleveur la possibilité de produire une variété nouvelle de

1. Selon l'expression de M. Turgeon (*Le féminisme français*, t. I, p. 324).

fleurs ou d'animaux, de même, par la même sélection artificielle, elle nous laisse libres de réaliser une nouvelle sorte de femmes. Et il n'est pas téméraire d'affirmer que, dès à présent, l'émancipation intellectuelle de la femme a produit un type plus garçonnier que ceux d'autrefois. Les formes se masculinisent et la sportwoman ressemble, certes, plus au sportman que la châtelaine du moyen âge ne ressemblait au chevalier !

« Une race de femmes est apparue dans ce siècle, si en contradiction avec leur sexe, qu'on serait tenté de ne voir en elles qu'une forme passagère... Elles ont d'elles-mêmes repoussé les plats qui leur étaient servis au banquet de la vie, pour se saisir d'autres qu'on avait tenus jusqu'ici pour propres aux hommes seuls [1]. »

Il est incontestable que, sous l'influence du féminisme moderne, un nivelage s'opère entre les hommes et les femmes, et la struggle for life condamnant celles-ci à se masculiniser ou à être écrasées, nul doute qu'elles n'arrivent à se déféminiser.

Ce n'est donc pas la science qui a tort — (et peut-être est-ce un problème de savoir si la civilisation peut n'avoir pas raison), du moins est on en droit d'affirmer que, sur le point qui nous occupe, *la science condamne la civilisation*. Où nous conduit, en effet, celle-ci ? Quel sera le terme du féminisme ?

C'est encore la science qui nous répond : elle nous montre en lui un combat qui finira faute de combattants. Le travail qui incombe, en effet, à la femme est celui de la maternité ; mais, en raison de la suppléance fonctionnelle dont nous parlions plus haut, à mesure qu'elle y suppléera par une

1. Laura Marholm (*Buch der Frauen*).

C. BOS. 6

autre forme d'activité, elle détournera de leur emploi naturel les forces limitées dont elle dispose. Et elle se stérilisera. Les statistiques américaines montrent que les intellectuelles d'outre-Manche ne peuvent guère avoir plus d'un enfant — quand encore elles le peuvent [1].

Et, cependant, les femmes ne deviendront jamais des hommes, de sorte que nous aurons une sorte d'êtres hybrides « dont le nom est en opprobre », comme dit Aristophane dans le *Banquet* de Platon. Ce que nous aurons, d'ailleurs, un écrivain nous l'a dit, qui a donné pour épigraphe à ses livres une déclaration de décadence faite à la race latine : « A des androgynes comme vous, déclare un de ses personnages à l'autre, il faut des gynandres comme moi [2]. »

Et il est bien entendu que cette heureuse union demeurera stérile.

Le suicide caractérise les civilisations finissantes : le féminisme ne serait-il pas un mode de suicide social ? On comprend, en tout cas, que ceux qui ont eu surtout en vue les générations futures et leur perfectionnement aient été antiféministes : Nietzsche a l'approbation de la science.

---

1. « Les physiologistes ont montré que les fonctions qui ont pour but la propagation et la nutrition de l'espèce, sont en antagonisme avec une trop forte dépense du cerveau ». Fouillée, *La Psychologie des Sexes (Revue des Deux Mondes*, sept. 1893).

2. Péladan, *Un Cœur en peine*, p. 224.

LE FÉMINISME DEVANT LA MORALE

Les dangers peuvent se présenter à nous avec deux sortes de visages : sous les uns, ils nous « menacent » et sous les autres ils nous « attirent ». C'est dans ce dernier cas qu'ils sont vraiment nos ennemis. Alors que les erreurs grossières ne sont plus à craindre, il faut se méfier davantage des illusions généreuses, car ce qui nous séduit en elles n'est souvent qu'un danger de nature subtile.

Telle semble être l'illusion féministe. Elle convainc de contradiction avec eux-mêmes non seulement les savants, mais encore les moralistes et ceux-ci travaillent, sans s'en rendre compte, à une œuvre de démolition contraire à leur but : ils sapent, de leurs propres mains, les bases de la famille et de la société.

Cependant, pour les moralistes, l'erreur était plus malaisée à éviter que pour les savants : dans le cas de ceux-ci, il n'y avait pas à hésiter, les conclusions étaient toutes concordantes, tandis que, du point de vue nouveau, il y a lieu de distinguer entre un féminisme légitime et un féminisme erroné, sans qu'on puisse peut-être arrêter les progrès du premier à aucun moment et empêcher ainsi que l'un ne se prolonge par l'autre.

Il y a lieu de distinguer, en effet, chez chacun de nous, l'être humain en général de l'individu en particulier. Que nous soyons hommes ou femmes, nous sommes avant tout des humains et en ce sens le féminisme apparaît comme le complément de l'abolition de l'esclavage, il se rattache, lui aussi, au Christianisme.

C'est le Christianisme qui, dans la femme, a dégagé la personne morale et l'a déclarée l'égale de la personne morale de l'homme. Un abîme sépare la condition de la femme païenne et celle de la femme chrétienne. Avec quel ton de mépris Socrate demande : « Y a-t-il quelqu'un à qui tu parles moins qu'à ta femme [1] ? »

« La femme, nous dit Aristote, est d'une espèce inférieure et l'esclave un être tout à fait méchant [2]. » C'est là la morale aristocratique et hiérarchique à laquelle le Christianisme substituera une morale égalitaire.

Le droit antique reflète cet état de choses. La jeune Romaine est toute sous le joug de la *patria potestas* « qui comprime à l'excès la personnalité de tous les autres membres du groupe familial, traités en *alieni juris* [3] ». Après avoir été la chose de son père, la femme devient celle de son mari ; elle est même soumise au pouvoir absolu d'un beau-père qui peut, de lui-même, répudier la femme de son fils. La condition de la femme mariée est aussi misérable civilement que moralement : au premier point de vue, elle ne possède

1. *Econom.* III, XII.
2. *Poétiq.*, XV.
3. Lefebvre, *Cours de doctorat sur l'histoire du droit matrimonial français*, p. 58. (Larose et Ténin, 1906.)

aucun droit précis d'association, il ne reste à
l'épouse *in manu* ni propriété, ni droit de tester ;
au deuxième point de vue, la femme n'a aucune
voie de droit possible contre l'adultère du mari ou
ses mauvais traitements, tandis qu'elle peut toujours être répudiée par lui. En un mot, il ne reste
plus à la femme de personnalité libre.

Pour toute l'antiquité, d'ailleurs, « l'unique emploi de la femme, ici-bas, l'unique but du mariage,
c'est de donner à l'homme une postérité[1] ». De
là la légitimité de la polygamie, de là la possibilité
de la répudiation, de là l'asservissement et l'avilis-
sement de la femme. Le véritable sens de l'union
conjugale a manqué à l'antiquité, — comme aussi
le véritable sens de ce qui constitue la personnalité.

Le christianisme va fonder, avec la dignité, l'égalité des personnes humaines.

« Notre première mère a été tirée, non du pied
ni de la tête de l'homme, mais d'une de ses côtes »,
écrit Jacques de Vitry, « pour bien montrer qu'elle
devait marcher à son côté, sans être au-dessus, ni
au-dessous de lui. »

Il n'y a pas de raison, en effet, pour que la
femme ne soit pas l'égale de l'homme, puisque
seules la pureté du cœur et la volonté droite im-
portent. Tous sont dès lors convoqués, il n'y a
plus de distinction entre les hommes, les femmes
et les esclaves.

Un texte de la Genèse est significatif à cet
égard : « L'homme, est-il écrit, quittera son père
et sa mère et s'attachera à sa femme. »
(Chap. II, 24.)

1. Gide, *Étude sur la condition privée de la femme et
le sénatus-consulte velléien* (Larose, 1885), p. 170.

C'est ici l'homme qui quitte sa famille, ce n'est plus la femme qui passe d'un propriétaire à un autre ; par le mariage, l'homme fait plus que s'annexer quelque chose : il lui en coûte une séparation par quoi il est émancipé.

Et l'homme ne quitte pas seulement son père, ce *pater familias* qui seul comptait dans la société antique ; sa mère est aussi mentionnée. Enfin la vraie grandeur de l'union conjugale est fondée : « Les époux ne feront qu'un. » Le mariage n'est pas un simple contrat de vente assurant à l'homme une progéniture, il est d'institution divine, partant indissoluble : *Deus conjunxit* (Mathieu, XIX, Marc, 10). Le christianisme, au lieu de répudier la femme stérile, a dit : « Que l'homme ne sépare pas ceux que Dieu a unis » ; il n'a pas livré la femme adultère aux fureurs de la multitude, il lui a dit : « Va-t'en et ne pèche plus à l'avenir. » Ce à quoi l'antiquité ne s'était jamais élevée, la véritable notion du mariage est posée par saint Paul : désormais une société n'y pourra rien modifier sans ébranler en même temps ses propres bases. Dans l'ordre du droit positif, le don mutuel, inconnu à Rome, vient   fléter la conception chrétienne du mariage.

C'est donc « Une révolution radicale que la loi de l'Evangile vient accomplir » ; saint Paul fait partager à la mère les droits de la puissance paternelle : « Il proclame le principe de *l'égalité entre les deux sexes*[1]. »

Méfions-nous, cependant, de cette formule, elle va permettre au féminisme erroné de se glisser

1. Gide, *Op. cit.*, p. 171 et 172.

dans la trame du féminisme légitime, dont nous venons d'indiquer les tendances.

C'est l'être humain en général que voulait émanciper le Christianisme, et s'il est vrai que la Nature ne connaisse qu'une seule caste, qu'elle n'ait pas créé les maîtres différents des esclaves, elle a cependant distingué l'un de l'autre les deux sexes, leur a confié des rôles biologiques diamétralement opposés, de sorte que si, du seul fait de sa naissance, tout individu est libre en tant qu'être humain, il demeure cependant esclave du sexe qui le fait homme ou femme. C'est dans l'ordre spirituel que les deux sexes étaient déclarés égaux par saint Paul, mais dans l'ordre temporel, le Christianisme lui-même nous conseille de rendre à César ce qui appartient à César — à la vie féminine ce qui appartient à la femme.

Dire que celle-ci « doit être légalement tout ce qu'elle peut être naturellement[1] », cela semble l'expression : la justice même et une formule sur laquelle tous les partis pourront s'accorder ; mais cette formule est ambiguë, de la même manière que les déclarations de Rousseau, car que faut-il entendre par ce naturel que lui-même n'a jamais su définir ?

Si l'on revendique pour la femme le droit de s'affirmer telle que la nature l'a faite, telle « qu'elle sort des mains du Créateur », il n'est pas besoin d'insister, aucune législation n'a le pouvoir d'étouffer la spontanéité ni le génie. Mais la nature ne donne le plus souvent que des dispositions, elle met chez la femme, comme chez l'homme, des pos-

1. Ch. Turgeon, *Le Féminisme français* (1902), t. I, p. 128.

sibilités, et c'est l'éducation qui, cultivant ces germes, les développe et les affirme. On ne sait ce qu'une femme peut être « naturellement » qu'après avoir agi sur elle dans le sens de sa nature et tandis qu'on cultive cette nature, chemin faisant on la crée, on l'inculque à la femme.

Or cela implique que l'on ait pris parti. Car la question est précisément de savoir, non quelles possibilités la nature ébauche chez la femme, (nous avons vu que le sexe même de l'homme y était esquissé, — mais s'il convient de développer toutes les tendances et de faire passer à l'acte tout ce qui n'était que potentiel.

Cependant, il est des mouvements difficiles à enrayer et des distinctions difficiles à établir. Pouvait-on espérer que des opprimées goûteraient à l'égalité sans la vouloir tout entière ? L'individu sépare-t-il en lui l'être humain en général, de son moi en particulier ? Et peut-on lui demander d'accepter au nom de l'un un don qu'il refusera au nom de l'autre ?

La femme a voulu être traitée pareillement à l'homme, parce qu'en elle et en lui la personne humaine était pareillement émancipée. C'était oublier que deux êtres différents peuvent être équivalents, jamais égaux. Et cette erreur a entraîné le féminisme dans les excès les plus fâcheux. L'éducation qui fait de la femme « la pareille à l'homme », qui l'émancipe, présente, en effet, un grave danger, elle a des conséquences morales et sociales qui ne tendent à rien moins qu'à la ruine de la famille et de la société. Car nous voudrions essayer de montrer que le féminisme donne à la femme, d'une part l'aversion du mariage, tandis que, de l'autre, il la conduit aux liaisons irrégulières. Conclusion : l'union libre et l'union stérile, n'est-ce pas, comme nous le disions, la ruine de la famille et, par suite, celle de la société ?

Si l'on réfléchit à ce qu'est le mariage, on verra que les conditions requises pour que la jeune fille désire se marier sont inconciliables avec ce que le féminisme a fait de ses adeptes. Négligeons momentanément les cas où un sentiment profond unit deux êtres ; nous verrons par la suite pourquoi ces cas se font rares. Tant que la jeune fille n'aime pas, il faut, pour qu'elle désire le mariage, qu'elle y entrevoie quelque avantage : il faut, par exemple, qu'il soit son seul moyen d'échapper au couvent, ou de s'émanciper, ou de se soustraire au ridicule que l'opinion attacherait à sa condition de vieille fille. Ou bien, dans un autre ordre d'idées, il faut qu'elle ait le goût des choses de l'intérieur, des besognes domestiques, ou qu'elle souhaite d'être mère ; bref, qu'elle désire remplir un rôle nettement différent de celui de l'homme.

Or la « jeune fille du féminisme » n'a plus aucun de ces motifs pour désirer se marier. Car la situation n'est plus ce qu'elle était : le mariage n'est plus l'unique moyen d'émancipation de la jeune fille, le couvent n'est plus pour elle à craindre, et l'opinion ayant évolué, la qualification de vieille fille n'est plus à redouter. Quant au goût des choses domestiques, il est devenu aversion. Le féminisme a fait cette chose grave dont il n'a pas mesuré les conséquences : il a appris aux femmes à penser ; les jeunes filles modernes reçoivent une solide instruction, et la plupart du temps elles prennent goût aux choses de l'esprit ; dans les milieux même où l'on s'attendrait le moins à cette rencontre, on trouve des jeunes filles qui poursuivent des études sérieuses avec plus d'ardeur que bien des jeunes gens. Et elles entendent continuer à s'instruire, à s'occuper de choses intellectuelles et n'ont pas la moindre envie de renoncer à cela pour nourrir et élever des enfants.

Et puis, — et cela, nous l'accordons, n'est pas une preuve d'intelligence, mais l'intellectualisme a, lui aussi, ses préjugés, — les femmes ont souvent l'esprit assez étroit pour croire que les besognes de la maternité les amoindriraient, qu'elles se diminueraient en les accomplissant.

Poursuivons avec les intéressées l'analyse du mariage. Comme toute communauté, il suppose un chef et ce chef étant le mari, il ne faut pas que la jeune fille ait un goût trop prononcé d'indépendance. Or, l'éducation féministe a développé en elle ce goût ; leur indépendance est d'autant plus chère aux femmes qu'elle leur est une conquête nouvelle et elles savent bien qu'elles la perdront dans le mariage, qu'elles devront faire des concessions au mari, à la vie en commun, à la situation sociale occupée par le ménage, etc. La jeune fille a pu mener sa vie de « garçonne », tandis que le jeune homme menait sa vie de « garçon », sur un pied d'égalité avec lui, libres l'un comme l'autre, — mais elle sait bien que le mariage est l'affirmation de la division du travail, l'acceptation du rôle de femme par opposition au rôle d'homme. Avec l'indépendance s'est développé chez la femme le sens critique, et elle risque de juger un jour son mari médiocre. Or le féminisme travaille à faire des Nora et des Magda pour notre plus grand intérêt dramatique, mais pour le moindre avantage de nos ménages.

En outre, la vie plus libre, les coudoiements quotidiens, l'éducation plus franche ont dessillé les yeux des jeunes filles et leur ont fait perdre leurs dernières illusions. Car, que voient-elles, à présent qu'elles voient clair ?

Elles constatent ce qu'est la vie de garçon de ceux qu'elles ont chance d'épouser, elles connaissent le passé de leurs maris possibles, et cela n'est pas pour les tenter. Ainsi renseignées, les jeunes filles ne sont plus romanesques, elles ne « rêvent » plus et elles savent trop ce que valent les hommes pour pouvoir les aimer [1].

Elles ne désirent pas non plus être mères : la maternité leur apparaît comme une besogne bien peu intellectuelle, qui les rappellera à leur rôle primitif par opposition à celui de l'homme, leur réimposera le renoncement et le sacrifice qu'elles ont désappris. Quand l'intelligence discute l'instinct, elle se révolte contre lui, car il lui fait faire un métier de dupe et immole le moi.

Voilà donc, *a priori* et quand elle raisonne, la jeune fille du féminisme très peu tentée par le mariage — et en toute justice on ne saurait la blâmer. « Le célibat féminin est la conséquence inévitable de toutes les turlutaines d'émancipation... [2] »

Voyons maintenant si le mal s'arrête là, et si la jeune fille ne se trouve pas aussi sûrement conduite aux liaisons irrégulières qu'éloignée du mariage.

1. Voir les découvertes que fait, sur le passé du beau Vernières, l'héroïne du roman *Femmes nouvelles*, de P. et V. Margueritte.
2. Théod. Joran, *Le mensonge du féminisme*, p. 429.

Et d'abord le féminisme libère les jeunes filles : elles cessent d'être confinées dans le gynécée, l'agora leur est ouverte. Nous ne nous attarderons pas à analyser l'action que cet agora, (surtout quand c'est la rue de Paris), peut exercer sur les nerfs et sur l'organisme des jeunes filles [1]; cette atmosphère excitante les menace jusque dans leur santé. Le féminisme met, d'autre part, les jeunes filles en contact direct et permanent avec les jeunes gens, l'instruction est mixte, les camaraderies nées sur les bancs d'une faculté se continuent dans la rue et s'achèvent souvent à domicile. Les jeunes gens qui ont été leurs compagnons d'études ont d'ailleurs plus de chances que les autres de plaire aux jeunes filles : ils sont intelligents, relativement bien élevés, et leurs mœurs ont été heureusement influencées par cette camaraderie qui leur a donné le goût de la bonne compagnie; presque infailliblement des couples se forment.

Le rapprochement, d'ailleurs, était favorisé par la complicité même des études faites en commun. L'effort cérébral stimule le système nerveux, fait les femmes plus vibrantes et l'une d'elles, dans un roman très curieux, déclare, par la bouche de son héroïne que « Le travail intellectuel est le plus violent des aphrodisiaques. »

Mais encore et surtout — et c'est par là que nous terminerons — le féminisme a donné aux jeunes filles une instruction scientifique et la faculté

1. « Il semblerait que l'atmosphère parisienne avive et précipite la formation de la femme, ainsi que la tiédeur humide d'une serre chaude pousse la floraison d'une fleur... Chez la petite Parisienne, la puberté est en avance d'un an ou deux sur les autres jeunes filles de la France. » (E. de Goncourt, Chérie, p. 136-137.)

de réfléchir sur les faits acquis. De la sorte, la
lumière a pénétré dans le cachot où jusqu'ici
elles étaient enfermées, et où l'on n'introduisait
qu'un éclairage systématiquement déformateur.
Qu'ont appris les jeunes filles ? Que l'amour était
la grande loi de la vie dans toute la nature, le rapprochement des sexes le but partout poursuivi,
que dans toutes les espèces les femelles éprou-
vaient pour les mâles une attirance correspondant
à celle que ceux-ci ressentaient pour elles, et que
la soi-disant pureté de la femme n'était qu'une
déformation de la nature, une violation des lois les
plus sacrées de la vie. Elles ont compris que,
comme dit Villon, « ce qui les meut à ce » n'est
point, ainsi qu'on voudrait le leur faire croire, leur
perversité, mais la seule « nature féminine, qui
tout viuement veut aimer » — et que si cette nature
triomphe, leur honneur « ne sera pas à blâmer [1] ».

La prétendue chasteté n'est qu'une anesthésie
obtenue par la pression des siècles et qui sacrifie
l'individu à la société. Les jeunes filles du féminisme ont médité cette vérité que le silence de leur
tempérament, c'était l'étiolement d'une plante élevée dans une cave, étiolement devenu héréditaire,
atavique, parce que l'organisation des hommes en
société exigeait que les intérêts des enfants et ceux
de la famille primassent ceux de la femme. Et les
jeunes filles, poursuivant leur instruction réaliste,
ont appris encore ce qu'il en coûtait à l'individu
de se mutiler ainsi au profit de l'espèce : elles ont
connu l'origine des affections nerveuses et autres,
elles ont su qu'en mettant les choses au mieux, il

1. Villon, *Grand Testament*, 53, p. 45-46 de l'éd. Lon-
gnon.

resterait dans leur caractère des inégalités, dans
leur tempérament une nervosité qui sont le prix
de la violence imposée à la nature. Elles sont
frappées, enfin, jusque dans leur intellectualité,
car elles apprennent que leur cerveau fonctionne-
rait mieux, que leur pensée serait plus équilibrée
si le déploiement d'autres énergies apportait un
complément et un contrepoids à leur activité mentale.

Et les jeunes filles apprennent que la nature
exercera sa vengeance jusque dans l'avenir, car les
statistiques leur montrent que les maladies de
femmes frappent surtout celles qui vécurent
chastes.

Voilà des faits que les jeunes filles, on le suppose, n'apprendront pas impunément, et si tout
cela leur donne à penser, en toute justice, cette
fois encore pourrons-nous protester? A mesure
donc que les progrès de la science, (ceux en particulier de la chimie biologique), garantiront mieux
les femmes des suites possibles d'une liaison, ces
liaisons se multiplieront et cela ne sera que
logique. Car l'intérêt de l'individu primera toujours celui de la société — surtout quand le premier suivra la route d'un instinct. Jamais la pensée que le principe de sa conduite ne peut pas être
érigé en maxime universelle n'arrêtera une femme
qui aime, ou simplement qui désire, surtout si
elle est tranquille sur les conséquences de son
acte. Pour combattre les tendances égoïstes, il faudrait d'autres tendances égoïstes : la peur d'un
châtiment éternel, l'idée que si elle commet l'acte
sexuel elle sera damnée, pouvaient retenir une
femme — encore sait-on l'impuissance de ce

remède. Mais quand le féminisme crie à ses
adeptes : Les dogmes du passé étaient mensonges,
cherchez Dieu dans la nature, honorez-le en col-
laborant aux fins de cette nature, ne lâchez pas
la proie pour l'ombre ! Quand le poète ajoute :
« Ah ! ne résiste plus, puisqu'il faudra mourir[1]. »
Quand, en un mot, il est admis que la vie présente
est tout et qu'il n'y a plus de raison pour se sacri-
fier, puisqu'il n'y a plus à attendre d'être récom-
pensé au centuple, — alors l'affirmation de l'individu dans son complet déploiement semble légitime, son droit à la jouissance presque un devoir.

Je sais bien ce qu'on me répondra : Mais, dira-
t-on, nous n'exigeons pas que les femmes soient
des nonnes, elles n'ont qu'à se marier. Cependant,
j'ai montré pour combien de raisons elles se
trouvent éloignées du mariage, j'ajoute que les conditions sociales s'étant compliquées, elles ne peuvent que rarement se marier jeunes, et enfin que
le nombre des hommes disposés à les épouser
diminue singulièrement, ce dont le féminisme est
d'ailleurs responsable.

En outre, comme pour précipiter la ruine du
mariage, le divorce est venu aggraver le mal social.
Le divorce, « la plus lourde faute que le féminisme
ait commise[2] », (en France du moins, où il est si
difficile et si nécessaire d'entretenir le sentiment
du sacré), n'a jamais été réclamé par les victimes
intéressantes du mariage, et n'a servi qu'à encou-
rager la légèreté des autres. Il a été la transition
vers « l'union libre et stérile », que tout semble
ainsi favoriser et qui est bien, comme le constate

1. Haraucourt, *Conseil des soirs* (Seul, p. 230).
2. Th. Joran, *Op. cit.*, p. 307.

M. Turgeon, « la fin inéluctable du féminisme absolu [1] ».

Ces tristes considérations n'ont pas seulement la portée sociale qu'on entrevoit, elles font encore, d'un point de vue plus général, réfléchir et douter.

Ainsi la vérité pourrait être malfaisante ? Ainsi s'ébranlerait la foi d'un siècle qui a cru au salut par la vérité, qui, à l'exemple de Gœthe, a réclamé partout la lumière ?

Ou bien y aurait-il d'autres sources de vérité que celles où nous avons puisé, et le monde aurait-il besoin d'autres soutiens que ceux de la raison et de la justice ? N'avons-nous pas été trop intellectuels et à force de vouloir faire l'ange, n'avons-nous pas fait la bête ?

Et alors, l'espoir du progrès serait-il mensonger ? N'avons-nous pas été trop optimistes, et ne devons-nous pas ajouter à notre lumière beaucoup d'ombre, à notre vérité beaucoup de mensonges, ainsi que dans l'air l'azote est mêlé à l'oxygène ? C'est donc Ibsen qui aurait raison avec sa théorie du *mensonge vital* nécessaire à l'existence de chacun ? En ce cas, par cela même qu'il serait vital, ce mensonge n'en serait plus un — et le mensonge cesserait d'être le contraire logique de la vérité, étant la vérité en quelque manière...

Quel scepticisme nous dégageons, en outre, des faits ! Car notre foi reposait sur ce postulat que la morale individuelle et la morale sociale devaient avoir même racine et se rejoindre. Mais ce que nous avons vu ne nous a-t-il pas montré, au contraire, que l'affirmation de l'individu, sanctionnée par les lois naturelles, était inconciliable avec les

---

1. Turgeon, *Op. cit.*, t. II, p. 460.

exigences de la société ? *Si la femme revendique les mêmes droits que l'homme (ce à quoi le féminisme la conduit), la société ne peut plus subsister.* Pour que celle-ci se maintienne, faut-il donc entretenir l'injustice et la déraison, faut-il donc que se perpétue cette monstrueuse dualité des prostituées offertes en holocauste aux honnêtes femmes ? C'est donc encore Nietzsche qui aurait raison avec ses deux morales, et il faudrait servir la vérité à la table des Maîtres (les hommes), le mensonge à la table des Esclaves (les femmes) ?

Obscurs et douloureux problèmes ! Peut-être la *liberté* et l'*égalité* ne sont-elles que des fantômes illusoires, — ou du moins conviendrait-il d'élargir ces notions, comme nous avons dû élargir celle de vérité. Il semble bien, en tout cas, que nous devions les subordonner à une notion plus haute : celle de *fraternité*, terme suprême où ne se distingueront plus les féministes et les antiféministes.

LE FÉMINISME
DEVANT LA LITTÉRATURE

Il ne faut jamais chercher dans la littérature l'expression exacte des idées à une époque donnée. Des causes diverses, les unes générales, les autres particulières, amènent un écart constant entre l'opinion d'une société, telle que la reflètent ses institutions et ses mœurs, et les livres où quelques-uns se font l'interprète de tous.

Une des formes les plus curieuses de cette divergence entre la réalité et la fiction, c'est ce que j'appellerai, faute d'un meilleur terme, leur *non-synchronisme*. J'entends par là que la littérature est tantôt en avance sur l'état des esprits (dont elle accélère par ses revendications le progrès), tantôt en retard sur les idées déjà consacrées par les mœurs (dont elle suit la marche, contrainte et forcée). C'est ainsi, par exemple, qu'il y a un écart considérable entre la situation faite aux Juifs dans notre société parisienne, et l'hostilité qu'ils rencontrent encore dans la littérature contemporaine.

Nous constatons un écart du même genre entre les progrès déjà réalisés par le féminisme et la défiance qu'expriment encore à son égard tant d'écrivains. Cela est d'autant plus curieux à noter qu'il en va tout autrement dans les pays voisins où la littérature, militant en faveur du féminisme, lui a facilité la conquête des esprits.

Mais cette résistance de la littérature française est assez facile à expliquer. De quoi vit-elle, en effet, depuis des siècles, sinon de la peinture de l'amour *et d'un amour qui implique un type de femme diamétralement opposé à celui qu'essaie de réaliser le féminisme ?* La littérature défend son bien en tâchant de prolonger l'existence de la femme uniquement occupée de plaire à l'homme et esclave de son amour pour lui, — ou en glorifiant la passion dont ne peut s'affranchir l'homme supérieur pour une femme qu'il méprise. Car la matière du roman, comme celle du théâtre, c'est partout l'amour et presque toujours un amour aussi humiliant pour la femme qui l'éprouve que pour celle qui l'inspire.

Le féminisme vient donc déranger une tradition littéraire, il élargit l'horizon, y fait surgir de nouveaux thèmes d'étude, et si l'amour garde toujours le premier rang, du moins le féminisme qui en modifie la conception et réalise chaque jour sous nos yeux des cas inédits, oblige-t-il les littérateurs à se renouveler.

De ce que nous venons de dire résulte que notre littérature nationale nous renseigne insuffisamment sur l'état du féminisme en France, et qu'elle « suffit moins que jamais », comme le remarque M. Hennequin [1], « à exprimer les sentiments dominants de notre société ». Aussi la connaissance des littératures voisines s'impose-t-elle : les œuvres de

1. E. Hennequin, *Écrivains francisés*, p. 8.

l'étranger ont fait pénétrer ses idées dans les nôtres.

Il est facile de prévoir, d'ailleurs, que le féminisme ne sera pas abordé partout du même point de vue : tel problème, pour telle raison, préoccupera davantage certain peuple, — telle question particulière, certain autre. Et puisqu'en France, nous l'avons dit, la femme n'avait vécu jusqu'ici que pour l'homme, puisque la capture du mari avait été le but unique, nous verrons la littérature aborder d'abord la question du mariage, le problème des relations sentimentales entre l'homme et la femme.

L'étude de la littérature féministe dans son ensemble constitue une entreprise immense que nous n'avons pas pour objet. Nous voudrions seulement, à côté de quelques indications relatives à la littérature *française*, montrer combien, chez une autre race, les préoccupations sont différentes, et rappeler quels débats dominent la littérature féministe des *Scandinaves*.

I

En France, la majorité des hommes, d'accord avec un héros de Mühlfeld, se moquent des revendications féministes et renvoient, en souriant, le beau sexe à l'amour. « Il n'y a (pense le beau de Noyelles) que les créatures disgraciées, les mégères et les bossues, qui puissent se juger lésées [1]. » Malheureusement, nous devons reconnaître que d'autres encore ont ce droit. Et le clairvoyant Heurtel le sait bien, parce qu'il observe depuis longtemps la ban-

1. Mühlfeld. *L'Associée*, p. 94.

queroute du mariage ; il en rend responsable l'éducation féministe « qui procède avec les jeunes filles
comme si le mariage n'existait plus [1] ». Il y a donc
contradiction entre le féminisme et le mariage, et
comme les jeunes filles ne peuvent se soustraire à
l'éducation reçue, elles devront choisir entre le
célibat — ou le mauvais ménage.

Cette idée que le féminisme est mortel au mariage est si répandue en France que toute conquête
de l'un semble un nouveau coup porté à l'autre
et un pas accompli vers l'union libre. C'est ce dont
un personnage, qui n'est ni meilleur ni pire que la
moyenne des hommes, fait l'aveu à une « Vierge
forte » :

« Ma seule excuse, si j'en ai une, c'est la conviction où j'étais alors que féminisme et amour libre
se confondaient en une seule et même doctrine [2]. »

Et, sans doute, c'est une opinion dont Duram-
berty reviendra, mais s'était-il trompé autant qu'on
pourrait le croire ? Le féminisme produit des
vierges fortes, mais il conduit moins souvent au
célibat qu'aux liaisons irrégulières, et toujours
c'est contre le mariage qu'il guerroie. Le *mariage
libre*, voilà ce que réclament les plus éloquents
avocats du féminisme, et cela comme une étape
préparatoire à l'union libre. « Car la femme est
la grande opprimée du mariage... » Et : « Il n'est
pas possible que le mariage puisse rester une forme
de ces vœux éternels que notre loi a rejetés [3]. »

Entre la morale d'hier et celle de demain, qu'in-
carnent Gabrielle et Francine, la mère et la fille,

1. *Op. cit.*, p. 304.
2. M. Prévost, *Léa* (Rev. de Paris, 1000).
3. P. et V. Margueritte, *Quelques idées*, p. 21 et 25.

c'est la seconde qui a raison, et puisque le divorce
est impuissant à libérer Francine, l'union libre la
rendra à l'homme qu'elle aime et à elle-même[1].

Mais cette morale d'hier, que le féminisme prétend renverser, c'est une religion, c'est le catho-
licisme. C'est donc lui, c'est l'Eglise de Rome qu'il
faut combattre, car c'est elle encore qui se cache
sous la morale laïque. C'est ce qu'a montré une
femme écrivain, dans un livre important pour les
thèses féministes :

« Aimer et souffrir, se taire et se dévouer, disait
le prêtre. Et Josanne se rappelait qu'en dehors du
sanctuaire, des hommes qui n'étaient plus chrétiens tenaient ce même langage à des femmes qui
n'étaient plus chrétiennes. La société... ordonnait
à la femme l'*obéissance* et le *sacrifice* que ne
récompensait plus le magnifique espoir de la vie
éternelle[2]. »

M. Tinayre a le mérite d'avoir, en outre, fort
bien vu les rapports du féminisme avec le socia-
lisme. Sur ce point, on peut être pessimiste et tel
se révèle un personnage déjà entrevu : selon Du-
ramberty, dans la lutte pour la vie, la femme
double le nombre des candidats sans doubler le
nombre des places et, par suite, multiplie la misère. Lui, patron, il est bien à même de prévoir
les effets de la concurrence et sa conclusion n'est
pas gaie : « Les premiers outils dont il faudrait
pourvoir les femmes qui se posent en rivales et en
adversaires des hommes, ce seraient des muscles
égaux à ceux des hommes[3]. »

1. P. et V. Margueritte, *Les deux vies*,
2. M. Tinayre, *La Rebelle*, p. 214.
3. M. Prévost, *Op. cit.* (*Rev. de Paris*, 1899).

Au contraire, M. Tinayre est tout à fait optimiste : « Par cela même que la femme pourra vivre sans le secours de l'homme, élever seule ses enfants, *les termes du contrat conjugal seront changés*. Elle ne demandera plus la protection et ne promettra plus l'obéissance et l'homme devra traiter avec elle d'égal à égale, disons mieux : de compagnon à compagne, d'ami à amie. » Alors : « Puisque le travail, bon gré mal gré, l'a faite libre, elle réclamera bientôt tous les bénéfices de la liberté. » Et « l'on voit s'ébaucher déjà cette morale féminine qui ne sera plus essentiellement différente de la morale masculine » (et en vertu de laquelle) « la femme ne pense plus qu'il suffise d'être une femme chaste, pour être une honnête femme, et elle ne se croit pas déchue parce qu'elle a aimé plusieurs fois[1] ».

II

Ces problèmes délicats de la morale privée nous conduisent à étudier le féminisme dans un pays où ils sont au premier plan des préoccupations.

Avec les Scandinaves, nous n'avons plus affaire à un peuple de *race latine*, ni à une *nation catholique* : libérés des entraves de la culture classique et de l'église romaine, les esprits, lorsqu'ils aborderont le problème du féminisme, seront affranchis de tous les préjugés, de toutes les traditions qui, ailleurs, offrent une résistance aux idées modernes. Dans nos vieilles sociétés latines, — M. Prévost l'a très bien vu, — la femme serve est courbée sous le maître depuis un tel nombre de siècles qu'il fau-

1. *Op. cit.*, p. 14.

dra bien des années pour l'émanciper. On se
heurte, de plus, au tempérament gaulois, peu fait
pour prendre au sérieux le problème du féminisme ;
puis à la traditionnelle galanterie française qui a
si joliment doré les barreaux de la cage où elle
enfermait la femme, que celle-ci, à peine libérée,
revient en hâte se constituer prisonnière.

Il reste donc vrai que « le mouvement féministe est surtout ardent chez les races nouvelles,
chez les Scandinaves (et chez les Russes), qui bou-
leversent plus aisément les conventions héréditaires [1] ».

Non seulement ces conditions différentes de race
et de religion favorisent la victoire du féminisme,
mais elles lui donnent, en outre, une orientation
spéciale.

Car nous sommes, ici, en pays protestant, c'est-
à-dire parmi des hommes que préoccupent surtout
les problèmes de morale ; le protestantisme, dans
ces régions de l'extrême Nord, est même plus austère qu'ailleurs, il se confond avec le puritanisme,
ce qui revient à dire, (comme l'a très justement
observé M. Brandès), que « la morale tout entière
se confond avec la morale sexuelle ». Celle-ci
absorbe celle-là ; non pas que les peuples du Nord
aient à combattre plus que d'autres les faiblesses
de la chair, — ils sont, au contraire, moins enclins
que les Latins au péché de volupté, — mais précisément chez eux la nature étant plus violemment
domptée, la conception de la faute étant beaucoup
plus tragique, dans toute défaite quelque chose de
plus que la chair succombe avec elle, qui rend la
faute grave.

1. M. Prévost, *Frédérique*, p. 99.

Les Scandinaves sont, en outre, de rudes gens
du Nord que n'embarrasse pas la tradition classique du goût latin, le réalisme ne leur fait pas
peur et le roman naturaliste français s'implante
chez eux. Enfin n'oublions pas l'influence des philosophes et des savants sur l'épanouissement de
la littérature scandinave : *Darwin, Stuart Mill* et
Taine sont le bréviaire des auteurs qui nous occu-
pent. Avec Darwin, ils ont appris à approfondir
la notion d'espèce et ils en ont conclu qu'il n'y a
pas d'abîme entre la race des hommes et celle des
femmes, qu'il ne peut donc pas exister une « morale pour femmes » distincte de la « morale pour
hommes », ni un instinct sexuel positif chez les
uns, négatif chez les autres. Enfin Taine leur a
appris que l'homme, aussi bien que la femme, était
un « produit », que les mêmes forces façonnaient
les uns et les autres, que l'hérédité, le milieu,
l'éducation donnaient les mêmes résultats, féminins ou masculins.

Ces vues ne font que compléter, en leur four-
nissant une justification scientifique, les revendications généreuses de Stuart Mill, elles en permettent l'application à un problème spécial que le
philosophe, soit pudeur, soit qu'il le trouvât secondaire, avait laissé dans l'ombre : celui de l'égalité
physiologique des sexes. Les Scandinaves abordent
hardiment ce problème ; ainsi que le remarque
M⁰ Marholm [1], « nul n'a poussé si loin qu'eux la
psychologie physiologique de l'instinct sexuel. Ils
ont laissé des documents impérissables, qui seront
utilisés le jour où l'on renoncera à l'hypocrisie. »

Ils se demandent d'abord ce qu'est la femme,

1. *Wir Frauen und unsere Dichter.*

dont on veut faire l'égale de l'homme, quelle nature
elle révèle quand on l'étudie telle qu'elle est et non
telle que la galanterie des hommes a décrété depuis des siècles qu'elle devait être. Et les romanciers répondent en physiologistes brutaux, ils
montrent chez la femme les exigences du sexe plus
impérieuses encore que chez l'homme, ils ana-
lysent les dégâts physiques et mentaux causés en
elle par la chasteté[1]. Les moralistes se demandent
ensuite ce qu'implique l'égalité tant réclamée des
hommes et des femmes, et ils ont le courage de
reconnaître que cette égalité en comporte une
autre : celle de tous les individus devant la morale
sexuelle. Il n'y a plus alors qu'à se prononcer en
dernier ressort et chacun suivant ses préférences :
les uns penseront que le privilège honteux dont les
hommes ont profité, grâce à la force, a suffisamment duré ; — les autres jugeront que l'émancipation de la femme ne peut se faire que si, en libérant sa personne morale, on libère sa personne
physique des entraves de la chasteté.

De quelque manière que l'on entende l'égalité
des sexes, on peut toujours se réclamer de Stuart
Mill : il n'y a qu'à faire, de la formule générale
du philosophe, une application particulière au problème qui nous occupe, moyennant quoi « L'Assujettissement des femmes » fournira un point de
départ aux deux thèses différentes que nous avons
indiquées. Or, dès la première page de son livre,
Mill déclare que : « *Les relations sociales des deux
sexes doivent faire place à une égalité parfaite,
SANS PRIVILÈGE POUR UN SEXE, comme sans incapacité pour l'autre.* »

1. Strindberg *(Fraulein Julie)* et Ola Hansson *(Les femmes)*.

L'interprétation la plus simple de ce texte, c'est celle qui consiste, sans en réclamer de nouveaux, à reconnaître l'injustice des privilèges anciens et la nécessité d'y mettre fin. Cette thèse sera soutenue par *Bjœrnson*.

Les hommes, qui avaient pour eux la force brutale, se sont arrogé le droit d'avoir des relations avec des femmes avant de se marier ; c'est là un odieux abus et le fait qu'il subsiste n'empêche pas qu'il ne soit en contradiction avec notre morale moderne, car « des coutumes sans autre fondement que la loi de la force se conservent à des époques et sous l'empire d'opinions qui n'eussent jamais souffert leur établissement [1] ».

Purifier les mœurs actuelles, réaliser l'égalité des sexes en retranchant aux hommes leur honteux privilège : voilà ce que se propose Bjœrnson dans *Un gant*.

Svava Ries est fiancée à Alf Christensen ; écoutons la jeune fille parler du jeune homme à son père :

« Il se tenait là, si sûr de lui-même, si loyal, si *pur*.

— Qu'entends-tu, ma fille, par le mot *pur* ?

— Ce que ce mot signifie.

— Je demande ce que ce mot signifie pour toi.

— Mais... mais ce qu'il signifie, je l'espère, quand on l'applique à moi.

— Comment ! la même signification s'il s'applique à l'homme ou à la femme ?

— Naturellement.

— Comment peux-tu savoir cela, d'ailleurs ?

— Savoir quoi ? si l'homme que je fréquente

---

1. *L'assujettissement des femmes*, trad. Cazelles, p. 19.

assidûment est un ignoble animal ou un homme ? »
(Acte I, scène II.)

Un *ignoble animal* : l'homme qui connaît plusieurs femmes n'est pas autre chose. En vain
M. Ries essaie-t-il de persuader à sa fille que dans
le mariage le rôle de la femme est précisément
de rendre la vie de l'homme plus pure. Svava, ironique, l'interrompt :

« Savon ! Tu considères le mariage comme un
grand lavoir à hommes...

— Comment ! un jeune homme n'aurait pas le
droit d'avoir aimé une femme avant que tu aies
paru toi-même sur la scène, dans toute ta majestueuse vertu ? Jamais, de toute ma vie, je n'ai vu
un orgueil pareil.

— De l'orgueil ? *Exiger d'un autre ce que l'on
exige de soi-même ?*

— Exiger d'un homme ce qu'on exige de la
femme ! de la femme qui, depuis des milliers d'années, a été élevée pour être la propriété d'un seul
homme et, pour ainsi dire, a été dressée à cela [1]. »

Mais, pourrait répondre Svava, aucun individu
ne doit être élevé en vue de devenir la *propriété*
d'un autre, cette forme d'esclavage disparaît heureusement et un sexe, aujourd'hui, n'est plus la
chose de l'autre : homme ou femme, chacun ne
relève que de soi-même. Mais la pauvre Svava n'est
guère comprise de son père, ni de son futur beau-père, lesquels trouvent excellent le vieil ordre des
choses qui leur permet de tromper sans bruit leur
femme.

« Que pense votre fille ? » demande Christensen.
Et Ries a honte de l'avouer :

1. Acte II, scène IV.

« Que l'homme doit être, lui aussi, oui, lui
aussi...

— Mille diables ! qu'est-ce qu'il doit être, lui
aussi ?

— Comme une jeune fille.

— L'homme ! !

— Oui.

— Aussi bête ?

— Exactement.

— Vous plaisantez, vous voulez rire à mes dépens [1]. »

Ailleurs, ce sont les deux mères qui causent autour d'une table à thé. Mme Christensen, digne de
son époux, et qui partage avec lui les erreurs du
passé, prend la défense des maris qui ont été
d' « ignobles animaux » et qui le sont encore.

« Il ne faut pas être injuste, ce sont précisément
les meilleurs maris.

— Cependant, répond Mme Ries, les femmes
ont tort de s'accommoder de cela. » (Acte III,
scène I.)

Elles perdent en effet de leur dignité en s'abais-
sant jusqu'à un homme impur et Svava, qui vient
de se renseigner au sujet de son fiancé, laisse
échapper un beau cri de fierté : « Voilà ce qu'on
voulait dire quand on me conseillait de ne pas
être si orgueilleuse ! Je devais me plier... Il faut
se plier jusque-là pour être à la hauteur de la
vie [2] ! »

Svava rompt avec son fiancé. Vainement il lui
rappelle qu'elle l'aimait :

« Hier encore, tu tressaillais lorsque je te disais

1. Acte II, scène V.
2. Acte III, scène III.

que ton bras m'a enlacé, *et nul, nul autre homme
sur cette terre.*

— Oui, et ton bras à toi a enlacé cent femmes ! »
(Elle lui jette son gant à la figure.)

. . . .

Les héroïnes de Bjœrnson auront toutes cette
conception du mariage. Pour toutes, le don d'elles-
mêmes, qui ne va pas sans amour, implique que
l'homme ne se soit pas rabaissé au rang d'un
« ignoble animal ».

Magnhild, dès le soir de son mariage, a poussé
hors de la chambre conjugale le lit de son mari,
Skarlie. Et Magnhild est la plus haute incarnation
de la moralité, sa vocation c'est de révéler aux
hommes, par la pureté de son âme, la beauté morale. Et c'est bien parce qu'elle est ainsi qu'elle
n'a jamais permis au faune Skarlie de l'approcher.

« Bah, lui dit celui-ci, lorsqu'elle le quitte enfin,
tes idées sur les mariages immoraux ne sont que
des sottises ! La Bible ne contient pas un mot de
cela.

— C'est possible, répond tranquillement Magnhild, mais si ce n'est pas dans la Bible, c'est
écrit ici. » Et du doigt elle désigne son front [1].

Les femmes scandinaves, comme Magnhild, in-
terrogeront leur seule conscience et, comme Antigone, au-dessus de la loi écrite, que ce soit dans
la Bible ou ailleurs, elles découvriront une loi non
écrite ; c'est dans l'obéissance à cette loi que con-
sistera, pour elles, la moralité.

Bjœrnson est-il allé trop loin ? Ce fut l'avis général, celui des hommes en particulier. Il est évident qu'en France, ces théories ont peu de chances

---

1. *Magnhild*, éd. Otto Janke, p. 151.

d'être écoutées, fussent-elles soutenues à la scène
par un A. Dumas fils.

Dans la pièce de *Denise*, une dame noble maudit la nuit du 4 Août qui a aboli tant de privilèges :
rassurons-la ; il en est un qui n'est pas près de disparaître, c'est celui que les hommes se sont arrogé,
et que bien des dames, au reste, seraient désolées
de voir cesser. Chez A. Dumas, ce n'est pas la
jeune fille qui réclame, c'est l'homme lui-même,
et il prêche d'exemple, s'étant juré de ne posséder
que la femme qu'il épouserait et s'étant tenu parole.
Mais nos jeunes gens ne trouvent pas seulement,
comme Fernand, que Thouvenin est « drôle », ils
le trouvent ridicule — et c'est tant pis pour eux.
Les Thouvenin n'ont pas encore fait école et cependant le progrès même des idées démocratiques
tend à leur assurer gain de cause. Car le honteux
abus contre lequel s'élève Dumas n'est un privilège
héréditaire que dans la société élégante et oisive :
dans le peuple, si les jeunes gens ont des entraî-
nements, les jeunes femmes en ont aussi et la faute
n'est pas considérée comme plus grave chez les
unes que chez les autres. Thouvenin le sait bien,
quand il morigène André et lui déclare :

« Vous avez pris part, comme presque *tous les
hommes de votre monde*, à l'immoralité de votre
temps ; vous vous dites : Ces choses-là, ce serait
bon pour les Thouvenin *qui sont peuple*, mais
non pour les Bardannes *qui sont noblesse*. Vous
avez un autre code que nous, mais vous n'avez pas
une autre conscience[1]. »

C'est à l'avenir, avec ou sans nuit du 4 Août,

_____

1. *Denise*, p. 233-84.

qu'incombe la tâche d'égaliser les codes à l'exemple des consciences.

Cependant, en Norvège, Svava a mieux réussi près des femmes que Thouvenin ne l'a fait ici près des hommes. Là, *le Gant* a exercé une influence profonde sur les esprits féminins, cette pièce est devenue un bréviaire que les romanciers scandinaves mettent souvent entre les mains de leurs héroïnes : l'une d'elles envoie même l'œuvre de Bjœrnson à son fiancé en y joignant une déclaration de rupture [1].

III

J'ai dit qu'il y avait deux façons d'entendre l'égalité des sexes. La solution que nous venons d'examiner, (et qui est bien dans l'esprit du christianisme primitif), est en même temps une solution *philosophique* qui pourrait se réclamer du stoïcisme et surtout du kantisme. Le respect de la personne humaine y est observé, tant chez l'homme qui s'abstient que chez la femme dont il s'abstient, et la règle d'après laquelle agissent les Thouvenin est bien telle « qu'ils puissent vouloir qu'elle soit une loi universelle ».

Il nous reste à indiquer une autre solution, qui semble destinée à satisfaire moins les philosophes que les sociologues et qui, en particulier, est bien dans l'esprit du saint-simonisme. Elle ne tend à rien moins, en effet, qu'à la réconciliation de l'esprit et de la chair ; et la morale que va nous prêcher *Garborg* est bien, comme celle de Saint-Si-

---

1 Jenny à Jens, dans *Jeunesse* de Garborg.

mon, « de l'épicurisme compliqué de polyandrie[1] ».

Cette solution, en tout cas, répond mieux que l'autre aux tendances modernes — ce qui n'est pas pour nous étonner, s'il est vrai que « le squelette même de notre société soit saint-simonien et que ses appétits aillent dans la direction de ce grand homme[2] ». Quoi qu'il en soit, s'il est vrai que la morale *résulte* des mœurs, reconnaissons que celles-ci ne préparent pas le triomphe des théories de Bjœrnson, tandis que la thèse opposée, avec le progrès de l'union libre, s'impose comme fait, avant d'avoir été débattue comme droit.

Outre les romanciers physiologistes dont j'ai parlé, c'est encore de Stuart Mill que peuvent se réclamer ceux qui veulent l'émancipation sexuelle de la femme et la veulent aussi complète que celle de l'homme. Stuart Mill n'a-t-il pas reconnu que : « Ce qu'on appelle aujourd'hui la nature de la femme est un produit éminemment artificiel ; c'est le résultat d'une *compression forcée dans un sens* et d'une stimulation contre nature dans un autre[3]. » Car « au lieu de laisser les femmes se développer spontanément, on les a tenues jusqu'ici dans un *état si contraire à la nature*, qu'elles ont dû subir des modifications artificielles ».

Supprimons donc la compression et la stimulation, laissons la femme se développer « selon sa constitution naturelle » et avec le temps nous nous apercevrons qu'entre elle et l'homme « il n'y a pas de différence dans les aptitudes (ni dans les ins-

1. Louis Reybaud, *Étude sur les Réformateurs*, t. I, p. 159.
2. M. Barrès, *L'ennemi des lois*, p. 75.
3. *Op. cit.*, p. 46.

tincts) qui viendront à se développer[1] ». Dès lors, nous lui accorderons le droit que trop longtemps nous lui avons refusé : celui de vivre comme vit l'homme, selon les instincts qu'elle a tout aussi bien que lui.

Ce droit, c'est celui que prend, sans penser à mal, la jeune paysanne Anne Malene. Elle a pour Jens le même entraînement sensuel qu'il a pour elle, et pourquoi serait-elle plus coupable que son complice ? C'est l'hypocrite morale des hommes qui le voudrait ainsi. Jens trouve que la jeune fille manque absolument de « conscience » et il entreprend « de lui faire comprendre sa faute, de la rendre une femme morale[2] ».

Mais en quoi est-elle moins morale que lui ? Jens ne saurait le dire, et au fond de lui-même il se sent « prêt à jurer qu'Anne est plus innocente que mille et mille femmes qui se pavanent dans leur pudeur ». Si donc Anne Malene épouse un jour Per, elle en a le *droit* puisque Jens s'arroge celui d'épouser une jeune fille riche de la ville.

Ainsi, selon Garborg, la jeune fille qui arrive devant le mariage a autant que le jeune homme le *droit* d'avoir un passé, car si l'on invoque la nature pour excuser l'un, il ne faut pas feindre plus longtemps d'ignorer que la nature parle à l'autre le même langage. Il faut que la femme cesse de croire que des liaisons passagères la diminueront ; elle n'en sort impure que parce qu'elle *se croit* impure, mais en vérité : « Si une femme avait assez d'intelligence pour ne pas se croire

---

1. *Op. cit.*, p. 125.
2. *Jeunesse*, trad. de Néthy. *Revue hebdomadaire*, sept. 1893, p. 259.

déchue par une association naturelle, si alors un jour il arrivait que l'association se rompît, il en résulterait seulement qu'elle en sortirait plus développée dans tout son être[1]. »

Que gagne-t-on, d'ailleurs, à imposer aux femmes non mariées une vie anormale ? Garborg entreprend de le montrer dans l'histoire de Fanny Holmsen (*Chez maman*). L'héroïne a les mêmes pensées, commet les mêmes peccadilles que toutes les petites filles, mais elle se croit très impudique : elle a honte en songeant qu'aucune de ses amies, sans doute, n'a comme elle un grenier à foin pour abriter de si vilaines choses. Pauvre Fanny ! devenue jeune fille, elle dépérit jusqu'à ce que, dans sa misère physique et morale, elle se résigne à épouser un homme âgé qu'elle n'aime pas. Mais au nom de quelle loi cruelle serait-elle condamnée à dépérir ? « C'est folie de vouloir entraver les lois naturelles avec des chaînes de police ! »

Chez maman ne nous montre qu'avec discrétion les inconvénients de la vie de jeune fille, telle que la société l'a imposée jusqu'ici ; mais les choses peuvent aller plus loin, la nature trop violemment contrariée peut se venger et dans les revanches de l'instinct il ne sera tenu aucun compte des convenances sociales. C'est le cas de *Mademoiselle Julie*[2] qui, après avoir rompu avec son fiancé, se jette à moitié folle dans les bras de son valet de chambre. Elle le traite ensuite de coquin, mais il lui jette à la face une pire insulte.

— Vous haïssez les hommes ? lui demande-t-il brusquement.

1. Garborg, *Les hommes.*
2. Strindberg, *Fraülein Julie.*

— Oui, répond-elle, la plupart du temps... mais parfois quand la faiblesse me prend... O pfui ! (p. 47, éd. Reklam).

Pauvre Julie ! malgré tout, elle nous inspire de la pitié.

Je doute cependant qu'elle convainque les hommes : devant la thèse de Garborg et de Strindberg, comme devant celle de Bjœrnson, ils vont se récrier ; seulement, au lieu d'invoquer la nature, (comme ils faisaient pour se libérer eux-mêmes des sermons d'un Thouvenin), ils vont invoquer pour oppresser autrui, l'*habitude*, cette seconde nature, révélant ainsi tout ce qu'il y a d'arbitraire dans la morale qu'*ils* ont décrétée.

Le porte-voix le plus clairvoyant des révoltés contre les revendications de Garborg n'est pas un Scandinave, mais un Français. Pourquoi, lui demande sa maîtresse, un homme ne pourrait-il pas se résigner à admettre le passé d'une femme comme celle-ci admet le passé d'un homme ? Et le héros répond avec une franchise brutale :

« Pourquoi ? parce qu'il n'y a pas dans le sang, dans la chair d'une femme cette fureur absurde et généreuse de possession, cet antique instinct dont l'homme s'est *fait un droit*... Je sais bien ce qu'il y a dans ma jalousie. Quand je l'examine, j'y trouve des *préjugés héréditaires*[1], etc.

Au moins, l'aveu est sincère ! Mais aussitôt nous apercevons le remède à la situation : le droit que l'homme avait pris, il pourra le quitter, comme celui qu'il s'était arrogé de commander à des esclaves. Quant aux « préjugés », l'expérience a

---

1. Anatole France, *Le Lys Rouge*, p. 276-77.

prouvé qu'ils se peuvent déraciner et l'on en
compte quelques-uns de moins aujourd'hui qu'il y
a deux cents ans.

Ainsi, le remède à la jalousie masculine est dans
le progrès de l'idée de justice. Car, il faut bien le
remarquer, l'originalité des Scandinaves est de se
placer au point de vue de la seule justice. On avait
déjà vu des hommes épouser des femmes malgré
leur passé : nous nous souvenons encore de Denise
à qui André « pardonne », qu'il « réhabilite »,
dont « la faute est lavée », — ou de la Maslova
envers qui Nekhludov répare ses torts. Mais on
signalait le fait comme une exception produite par
l'amour ou la pitié, on ne s'avisait pas que c'était
une *chose due* et que la conduite des héros était
toute naturelle.

« Nous avions eu la morale de la servitude, nous
avions eu la morale de la chevalerie et de la géné-
rosité : le tour de la morale de la justice est
venu[1]. »

C'est cette morale que revendique Garborg :
faut-il souhaiter qu'elle triomphe ? Les femmes qui
ont le tempérament de Francillon se réjouiront
peut-être à l'idée de cette revanche prise par les
générations féminines futures sur les générations
masculines passées. Et encore savons-nous comment se vengent les Francillon ! Cette morale serait
donc repoussée à la fois par les hommes et par les
femmes, d'où l'on peut conclure que celle de
Bjœrnson valait encore mieux. La vérité, c'est
qu'elles sont toutes deux théoriques et se heurtent
toutes deux aux difficultés de la pratique ; mais au

---

1. Stuart Mill, *op. cit.*, p. 95.

point de vue de la morale absolue, elles sont équi-
valentes.

Nous pourrions relever les particularités du
féminisme dans la littérature étrangère, ici ou
là, en Angleterre ou en Russie. Nous nous en tien-
drons aux deux pays que nous avons mentionnés,
parce que nous y avons rencontré des tendances
nettement distinctes et que les deux littératures
française et scandinave nous ont paru aborder le
féminisme de deux points de vue très différents,
— que nous voudrions, en concluant, résumer.

En France, nous constatons d'abord que le féminisme est trop souvent ridiculisé, ou abordé d'un
ton gouailleur. Quant à l'objet auquel il s'attaque,
c'est le droit matrimonial, ce sont les institutions,
bref, c'est la *législation* [1] ; le féminisme s'en prend,
d'autre part, à la conception catholique, désormais
en contradiction avec les idées modernes, c'est-
à-dire au *traditionalisme*. C'est donc surtout une
réforme sociale que le féminisme français poursuit.

Au contraire, dans les pays du Nord, le féminisme est chose grave. Il a pour objet les problèmes de conscience, il voudrait résoudre les
conflits du Moi avec lui-même, fournir une règle à
la morale privée. Il a donc surtout un *caractère
individuel*.

Et ainsi la littérature, insuffisante à nous renseigner sur l'état exact des esprits, conserve cependant l'empreinte nationale et demeure un utile
document psychologique.

---

1. Les revendications s'intitulent : La loi de l'homme ;
le cœur et la loi, etc.

MORALISME

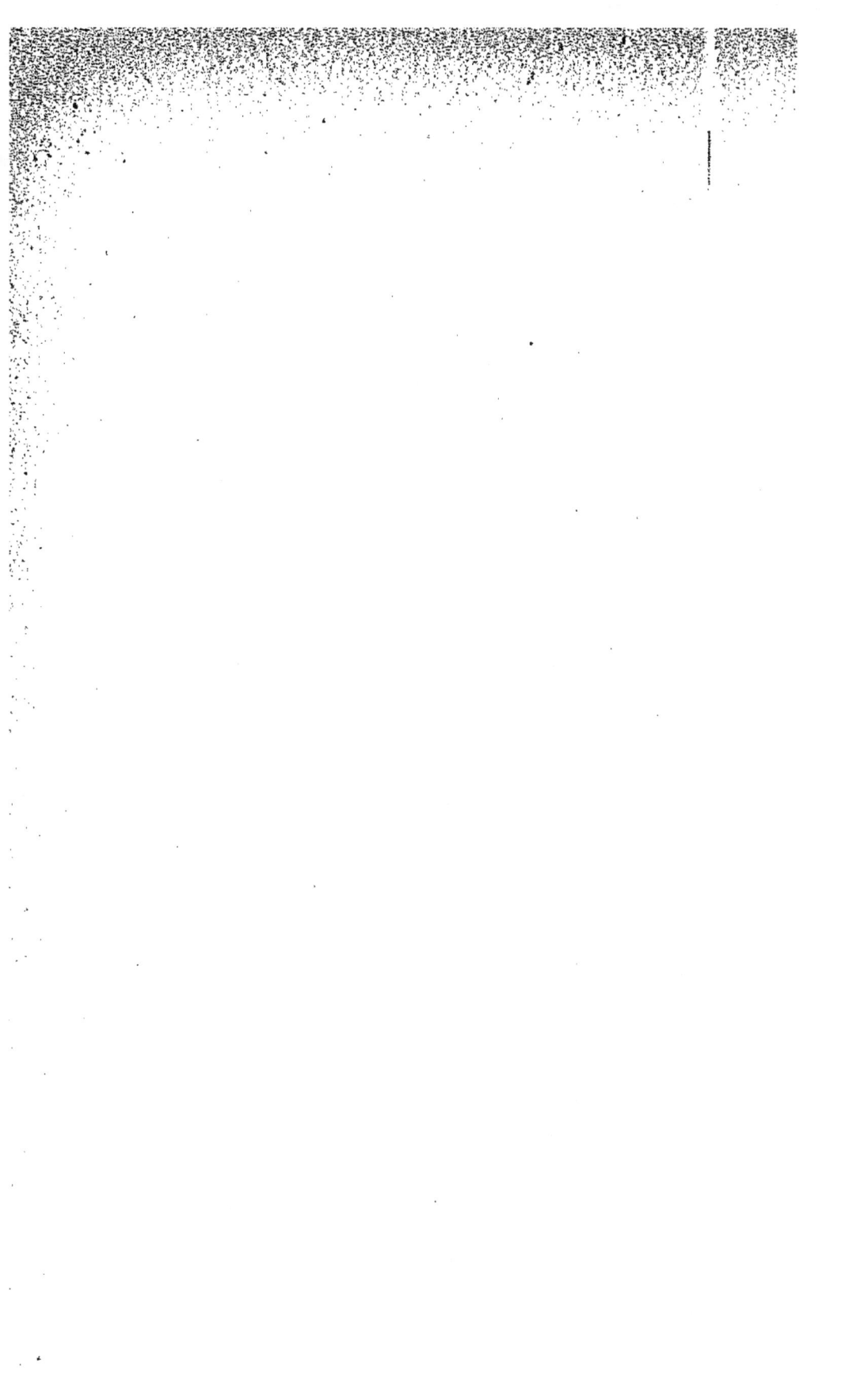

LA SAGESSE DE MAETERLINCK
ET LA BIBLE MODERNE

Depuis longtemps le besoin se fait sentir, pour tous ceux qui se sont détachés de la religion, d'un livre qui remplacerait le livre de la Révélation, d'une Bible rationaliste, d'un évangile tout laïque où fût contenue l'éternelle piété, — en un mot, du livre qu'on feuillette chaque jour et où l'on trouve, aux heures d'épreuves, la Lumière et la Force. Nous avons tous besoin d'un pareil livre de chevet, aussi beaucoup de ceux dont je parle continuent-ils à feuilleter l'*Imitation*, tandis que d'autres, de tendances plus avancées, ont adopté suivant leurs inclinations personnelles, tel ou tel des beaux livres de l'humanité : c'est, pour les uns, les *Pensées* de Marc-Aurèle, pour les autres, l'*Éthique* de Spinoza [1], pour certains encore, *Tolstoï*.

Cependant, tous ces livres, jusqu'ici, restaient des Évangiles imparfaits : à l'œuvre antique manquait d'avoir été traversée par l'esprit du christianisme, (que le Livre éternel pourra dépasser, mais qu'il ne saurait avoir ignoré). Quant à l'*Éthique*, la plus

---

1. Les deux noms, détail curieux, se trouvent rapprochés par Maeterlinck lui-même. (*Sagesse et Destinée*, p. 190.)

calmante peut-être des lectures que l'on pouvait faire, il y manquait ce à quoi les belles âmes ne pouvaient renoncer : la chaleur, l'amour qui vient du cœur ; elles objectaient, selon le mot de Maeterlinck, que « voir sans aimer, c'est regarder dans les ténèbres ». Et puis c'était un livre de cabinet, à l'usage des sages qui vivent hors de la mêlée, ce n'était pas le livre de vie dont pussent s'armer les Croisés dans les batailles de la réalité. Enfin, les prémisses n'en étant plus acceptables, l'Ethique perdait de sa valeur définitive.

Et *Tolstoï* heurtait en nous trop de choses ; dans notre vieille civilisation raisonneuse et lettrée, son Evangile apparaissait trop spécial pour que l'humanité tout entière pût l'adopter...

Mais un livre a paru, il y a peu d'années, qui semble enfin répondre au besoin dont je parle : ce livre, c'est *Sagesse et Destinée* de Maeterlinck, et je suis sûr que beaucoup déjà l'ont adopté, installé déjà à cette place du livre de chevet que nous avons tant de peine à laisser vide.

Le livre est-il digne d'occuper cette place ? A la question ainsi posée, nous n'hésitons pas à répondre par l'affirmative, à reconnaître dans *Sagesse et Destinée* un des plus beaux livres qu'on ait écrits depuis l'*Imitation*. Est-ce donc là le Livre éternel et peut-il nous satisfaire aussi pleinement que la Bible satisfait les croyants ? La Sagesse de ce livre est-elle toujours conséquente avec elle-même et ne fait-elle pas, dans diverses directions, des emprunts ou des concessions qui ressemblent à des contradictions ? Ces déviations, enfin, n'ébranlent-elles pas un peu notre foi en la solidité du principe nouveau ?

Ce sont ces questions que nous voudrions examiner aujourd'hui.

I

Et d'abord quels rapports unissent ce livre à ceux que j'ai nommés et qui, avant lui, pouvaient prétendre à jouer le même rôle ?

Sagesse et Destinée est orientée à l'antipode de l'*Éthique* : ce n'est pas l'apaisement par l'idée de la nécessité universelle, c'est la confiance, grâce à l'idée que la nécessité est toute entre nos mains et qu'il dépend de nous de la façonner de telle ou telle manière. Ce sont deux manuels d'optimisme à cause inverse : car on peut tirer la sérénité aussi bien de l'idée du déterminisme absolu dans le fonctionnement d'un Destin immuable, — que de l'idée de la malléabilité indéfinie de ce Destin entre les mains de l'homme. On pourrait appeler l'un l'optimisme « statique », l'autre l'optimisme « dynamique ». Et cette communauté de ton, sans doute, crée des similitudes : c'est ainsi qu'on pourrait presque donner pour épigraphe au livre de Maeterlinck cette proposition de Spinoza : « En ordonnant ses pensées et en réglant son imagination, il faut toujours avoir les yeux sur ce qu'il y a de bon en chacune des choses que l'on considère, afin que ce soit toujours des sentiments de joie qui nous déterminent à agir. » (*Éthique*, V, *Propos.* 10.)

En outre, n'oublions pas, avant de reconnaître l'étroite parenté de Maeterlinck avec les Stoïciens, que l'*Éthique* elle-même est déjà pénétrée de stoïcisme. Mais le rapprochement que nous avons indiqué ne doit que mieux faire ressortir l'essentielle différence qui sépare Maeterlinck de Spinoza. Il n'y a guère eu d'influence et l'on ne peut parler de parenté.

Avec Marc-Aurèle, les rapports sont tout autres. Il est évident, au premier abord, que l'auteur de *Sagesse et Destinée* est pénétré de stoïcisme, (les citations suffiraient à témoigner de l'influence de Marc-Aurèle), et la Sagesse prêchée en Belgique doit beaucoup à la Sagesse du Portique [1]. Cependant, ici encore, les différences me paraissent profondes.

Elles proviennent, tout d'abord, de deux conceptions très distinctes du Destin. Il ne faut pas perdre de vue ce que c'est que le Destin antique : c'est une puissance terrible, personnifiée en un dieu suprême, le Fatum, qui régit les dieux eux-mêmes. Mais le Dieu juif est venu vaincre ce Fatum antique, et quand Dieu s'est spiritualisé en une idée, la catégorie de l'Idéal, il a entraîné dans l'ombre où il entrait son ennemi vaincu : jamais, depuis que Javeh l'a terrassé, le Destin n'a recouvré son pouvoir. Et Maeterlinck est venu dans un monde chrétien, après que le règne des entités était passé : le Destin n'est plus pour lui une réalité objective, c'est notre ombre portée, et, comme elle, il revêt la forme de notre Moi.

Et puis, au rebours de Spinoza, Marc-Aurèle est mélancolique ; sa Sagesse fait déjà pressentir le pessimisme chrétien. Il est moins intellectuel que Spinoza (et en un sens même que Maeterlinck) ; s'il s'est consolé, s'il est même reconnaissant envers les dieux, c'est après avoir souffert de dou-

1. Voir *Revue latine*, juillet 1902, l'article de M. Dauriac.

loureuses blessures, et son bonheur est plus fait
de renoncement, de la sage acceptation du malheur,
que de la joyeuse confiance de Maeterlinck,
regardant tout homme comme autoproducteur d'un
bonheur positif contre lequel le sort est impuissant.

Enfin, il y a chez Marc-Aurèle (moins cependant
que chez les Stoïciens antérieurs à lui) quelque
chose de tendu, d'antinaturel qui met tout de suite
en garde contre une pareille morale et fait pressentir qu'elle ne vaudra que pour une élite. Chez
Maeterlinck, au contraire, ce qui est très frappant
c'est l'aisance, la simplicité de cette Sagesse qui
semble à la portée de tous et appelle à elle les plus
humbles pour les réconforter, — se rapprochant
par là de la prédication chrétienne. Une simple
conséquence de ce qui précède, c'est qu'il n'y a
plus trace, chez Maeterlinck, de cet orgueil qui
choquait parfois chez les Stoïciens *gloriosi*. Sans
doute il y a encore, dans l'optimisme exorbitant
de Maeterlinck, beaucoup d'orgueil, mais ç'en est
une tout autre sorte, c'est un orgueil de bonne
foi qui réside moins dans une attitude que dans
une illusion, et nul n'a mieux dépisté l'orgueil,
ne l'a mieux confondu que l'auteur de *Sagesse et
Destinée*[1].

II

Tel qu'il est, avec les ressemblances et les différences que nous avons indiquées, le livre de Mae-

[1]. « Si l'on tient à renoncer à quelque chose, il convient qu'on renonce avant tout aux bonheurs de l'orgueil
qui sont les plus trompeurs et les plus vides. » (p. 135.) Et
encore : « Il y a bien de l'orgueil à se dire mécontent ; et

terlinck peut-il satisfaire pleinement l'âme contemporaine, est-ce enfin la Bible moderne vers laquelle
tendent nos aspirations ?

C'est évidemment ce qui s'en rapproche le plus.
Cependant, lorsqu'on analyse de près la Sagesse
de Maeterlinck, on croit y découvrir une certaine
hybridité qui laisse en nous quelque malaise,
quelque inquiétude même. Et l'on en vient à se
demander si cette morale a vraiment tenu ce qu'elle
promettait, si elle a vraiment réussi à se passer
du surnaturel ; si la Raison humaine, comme on
l'attendait d'elle depuis le commencement des
temps nouveaux, a vraiment réussi à dresser là le
pendant de la Déclaration des droits de l'homme,
la pure morale de l'homme ?

« Rien n'est plus vivace, a écrit Maeterlinck lui-
même [1], rien n'est plus habile à changer de forme
qu'une illusion déjà déracinée. » L'histoire de la
philosophie nous en fournit une preuve dans les
efforts désespérés de l'Impératif catégorique pour
réapparaître sous des formes diverses, et je crains
bien que Maeterlinck ne nous en fournisse lui-
même une autre par l'empreinte que la religion im-
prime à son rationalisme, au risque de le compromettre.

Il semble que l'attitude de Maeterlinck vis-à-vis
du surnaturel soit bien nette et telle que la réclame
l'esprit moderne. Il est affranchi de toute illusion :
« Je parle pour ceux qui ne croient pas à l'exis-

---

la plupart n'accusent la vie et l'amour que parce qu'ils
s'imaginent que la vie et l'amour leur doivent quelque chose
de plus que ce qu'ils peuvent leur accorder eux-mêmes. »
(p. 297). Et ailleurs, p. 133, 294, etc., etc.

1. Cf. Le Temple enseveli, p. 17.

tence d'un Juge[1]. » « Il n'y a d'autre Dieu que
l'Idéal façonné par nos désirs. C'est en lui-même
que l'homme doit chercher la solution de toutes
les énigmes, car nous devenons presque toujours
le dernier refuge et la véritable demeure des mys-
tères que nous voulions anéantir... Ce qu'on enlève
aux cieux se retrouve dans le cœur de l'homme[2]. »
Maeterlinck est donc bien, nul ne le contestera,
un *rationaliste* en même temps qu'un *mystique*.

Si même nous avions à traiter ici de sa philosophie, on pourrait parler de ses « théories » et
montrer en lui un leibnizien, non seulement par
son affirmation que notre monde est le meilleur
possible, mais encore par cette autre, que tout progrès consiste à élever des idées confuses au rang
d'idées claires. La psychologie de Maeterlinck est
même d'un pur intellectualiste, et c'est précisément
cela qui l'égare, le conduit à des illusions auxquelles notre expérience contredit.

Car il ne distingue pas entre la Volonté et l'Intelligence, les sentiments et les idées, entre la théorie et la pratique ; pour lui, c'est en continuant
sa route que la pensée devient action[3]. Peut-on
accorder à Maeterlinck que « notre caractère est
ce qui se modifie le plus facilement en nous »
et que « ce caractère varie selon que nous avons
vu dans la vie triompher la bonté ou la méchan-
ceté » ? (p. 40). De même, peut-on lui accorder
que l'homme aspire plutôt à la Vérité qu'au
Bonheur ? Les Anciens, que l'auteur admire tant,
n'ont-ils pu le mettre en garde contre une si grosse

1. Cf. *Le Temple enseveli*, p. 1 et 5.
2. Id., p. 29 et 30 ; cf. *Sagesse et Destinée*, p. 253.
3. *Sagesse et Destinée*, p. 284.

erreur, eux dont toute la morale partait de cet
axiome incontesté que l'homme aspire à être heureux ? Les désillusions ont beau nous être utiles,
elles ne nous enveloppent pas d'une « lumière plus
éclatante que les illusions qui faisaient notre
bonheur ». Elles sont peut-être les émissaires de
la Vérité : il est psychologiquement faux qu'elles
en soient « les sourires[1] ». De même, peut-on
regarder le pardon comme un acte imparfait de
l'intelligence ? Tout comprendre, c'est peut-être
tout excuser, ce n'est pas tout pardonner et entre
les deux la différence est profonde ; aussi ne peut-
on pas dire que pardonner soit « comprendre à
demi » (p. 277), — car on peut comprendre tout
à fait et ne pas pardonner : pardonner est chose
autre et d'un autre ordre que comprendre. Aussi
ne suivrons-nous pas le conseil de Maeterlinck
quand il nous dit : « Ne pardonnons pas par bonté
quand on peut pardonner par justice » (p. 072).
Ou plutôt nous l'entendrons ainsi, que cette justice
là plonge dans l'inconscient et nous est dictée par
la bonté.

De même encore : est-il vrai qu'il ne soit « pas
possible de réfléchir sans vivre[2] » et qu'ainsi méditer soit vivre en quelque façon ? Cela étonne,
rapproché d'autres passages où l'auteur flétrit la
pensée enfermée dans la spéculation en des termes
qui font presque songer à l'Ecclésiaste[3].

Mais nous ne voulons pas insister davantage sur
les illusions intellectualistes de Maeterlinck. Il est
évident qu'en faisant de la psychologie introspec-

---

1. *Sagesse et Destinée*, p. 133.
2. Id., p. 200.
3. Id., p. 274.

tive, il a trop négligé la psychologie expérimentale. Ce n'est pas seulement les ruches qu'il devrait fréquenter, mais aussi les hôpitaux de maladies mentales : il verrait ses illusions s'en envoler comme des abeilles.

L'optimisme rationaliste est si fort, chez Maeterlinck, qu'il l'entraîne parfois en des paradoxes tels que celui-ci : « On peut espérer qu'un jour tout le monde sera heureux et sage » (p. 6). Ce n'est guère probable, car ce jour-là il n'y aurait plus de vie : c'est la psychologie sociale que l'auteur oublie ici et c'est chez Hobbes qu'il apprendrait à se détromper. Maeterlinck nous dit encore : « Ce qui aura lieu sera le bonheur » (p. 14). Il était peut-être suffisant de nous dire : De ce qui aura lieu, nous devrons toujours tirer le bonheur.

Ce parti pris de légitimer l'Être *a priori* n'est pas sans danger : cela paralyse précisément ce courage au travail que prêche ailleurs Maeterlinck, et par où il se rapproche curieusement de Carlyle[1]. La religion pratique des Anglais, qu'il admire et nous recommande, suppose la foi au progrès dans un monde où il en reste beaucoup à accomplir. « Si une illusion, écrit Maeterlinck, nous abat un instant, ne nous disons pas en sanglotant : la Vie n'est pas aussi belle que nos rêves, disons-nous : il manquait quelque chose à nos rêves puisqu'ils n'ont pas été approuvés par la vie[2]. » Mais n'est-il pas possible qu'ils le soient un jour ? Ne vaudrait-il pas mieux encore conclure : « Nos

1. Cf. p. 19 et 146. Il y a même des expressions toutes carlyliennes, telles que « conscience *inarticulée* ». On trouverait de même des analogies avec Ruskin.

2. *Sagesse et Destinée*, p. 300.

O. BOS. 9

rêves, hélas ! étaient prématurés, travaillons jusqu'à ce qu'ils deviennent réalité . » L'histoire n'au-
torise-t-elle pas cette confiance ? Cette fois, c'est
Condorcet qui est trop négligé. Cependant l'homme
moderne, petit-fils du xviii° siècle et de la Révolution, n'admet pas que tout soit parfait dans l'ordre
des choses de ce monde, il espère en améliorer
beaucoup et voir progresser les conditions de la
Vie à mesure qu'il progresse lui-même. L'excès
d'optimisme arrive à en être un manque. En tout
cas, si nous admettons que la Sagesse soit entre
nos mains et que notre vie ne doive être qu'un progrès continu selon cette Sagesse, nous ne pensons
pas être les seuls malléables en face d'un ordre de
choses immuable et parfait. Le mouvement doit
venir de nous, mais il doit se communiquer au
monde qui nous environne — et il le fait graduellement. Il y a là, dans l'optimisme de Maeterlinck,
une contradiction évidente dont la cause va nous
apparaître à mesure que nous allons découvrir un
autre aspect du penseur.

III

Pour s'enfermer ainsi dans cette justification
a priori et *a posteriori* du Réel, Maeterlinck est-il
donc un si pur rationaliste ? On serait tenté de le
croire, et pourtant il nous révèle, à côté de celles
que nous avons constatées, des tendances toutes
différentes.

Ce n'est pas impunément, — ou plutôt ce n'est
pas sans raisons profondes, — qu'on traduit l'*Or-
nement des Noces spirituelles* de Ruysbroeck
l'Admirable, et les *Disciples à Saïs*, de Novalis. Mae-

terlinck est un grand mystique — et nous ne nous en plaignons pas. Seulement il en résulte que son livre admirable n'est pas, pour ce que j'ai appelé la conscience moderne, une Bible laïque sur laquelle elle se puisse reposer en toute confiance.

Il y a, chez le rationaliste Maeterlinck, deux raisons : l'une discursive, à laquelle tous applaudissent, — l'autre intuitive, qui n'est pas sans faire naître en nous l'inquiétude. Car l'essence même de la Sagesse est fournie par cette raison intuitive et il en résulte, entre la *Raison* et la *Sagesse*, des rapports parfois difficiles à démêler.

La raison humaine se suffit-elle à elle-même ? Pouvons-nous avoir en elle une foi absolue ? Pouvons-nous lui confier le culte du divin que nous avons retiré aux religions ?

Il semble bien que ce soit là le postulat de tout livre qui prétend au titre de Bible moderne. Mais la Sagesse de Maeterlinck est un compromis dans lequel la raison paraît plus puissante qu'elle ne l'est en réalité, et dans lequel la religion chrétienne joue un rôle plus grand qu'elle ne semble. Ecoutons, par exemple, cet aveu : « Etre sage, ce n'est pas adorer sa raison seule, car la raison doit se soumettre à un *instinct d'un autre genre*, qui est l'instinct de l'âme... cet instinct de plus en plus divin. » Voilà qui pourrait être écrit par un Père de l'Eglise, mais continuons. Au paragraphe suivant, nous lirons que « la Sagesse ne se trouve pas dans la raison, qu'elle est bien plutôt un *appétit de notre âme* et que son propre est de faire mille choses que la raison n'approuve pas ». Nous avons rejoint l'*Imitation*, et d'ailleurs Maeterlinck l'avoue : « C'est la Sagesse qui a dit un jour à la

Raison qu'il fallait rendre le bien pour le mal, et elle cherche *bien plus loin encore !* » Ainsi la Bible laïque dépassera le Sermon sur la Montagne ?

En attendant, voyez si les trois ordres de Pascal ne se retrouvent pas chez Maeterlinck : « Un esprit qui s'élève a des bonheurs que ne connaît jamais un corps qui est heureux, mais une âme qui s'améliore a des joies que ne connaîtra pas toujours un esprit qui s'élève [1]. »

Le Christianisme n'était-il pas plus conséquent avec lui-même quand il laissait de côté la raison et cherchait dans le cœur seul une règle universelle ? La raison de Maeterlinck est à la Sagesse comme la justice à la Charité : quand le Christianisme, religion du cœur, prêchait la Charité, c'était son droit, mais peut-on, au nom du rationalisme, demander plus que la Justice et attendre la Charité par surcroît ? Et puisque c'est la Sagesse qui enseigne la Charité, pourquoi faire du pardon un acte de justice, c'est-à-dire de raison ? Je sais bien que la raison se trouve à la racine de la Sagesse », — mais qu'importe, puisque « la Sagesse n'est pas la fleur de la raison, mais la sœur préférée de l'amour [2] » ?

En outre, cette Sagesse de Maeterlinck a un grave inconvénient que n'aurait pas la raison — et que n'avait pas la charité chrétienne : elle n'est pas la même pour tous, elle ne réalise pas l'égalité entre tous les hommes frères, elle est individuelle [3], partant arbitraire, et ne peut être communiquée.

Il ne faudrait donc pas s'y méprendre et assi-

1. *Op. cit.*, p. 90.
2. *Op. cit.*, p. 72.
3. *Op. cit.*, p. 68.

miler la morale de *Sagesse et Destinée* à la morale
chrétienne : elles sont orientées presque inversement, et celle de Maeterlinck reste conforme aux
tendances modernes. Le renoncement a cessé d'être
une vertu, il est réduit à ses plus justes proportions [1]. Les premiers devoirs sont envers le Moi ;
aussi, comme tout ce qui en restreint l'expansion,
la chasteté est-elle condamnée ; enfin — et ceci est
caractéristique — de la curiosité qui perdit Eve,
on nous fait une vertu [2].

IV

Ne pourrait-on conclure que Maeterlinck, gar-
dant du christianisme ce qu'il a de plus élevé et
faisant droit aux revendications de la conscience
moderne, a réalisé la plus haute et la plus parfaite
synthèse que nous puissions espérer ? Peut-être
certains l'ont-ils pensé. Cependant ils se sont abu-
sés : il y a moins synthèse que mélange, et c'est
ce mélange qui nuit à la solidité du produit,
ébranle notre confiance et amène les contradictions qu'on finit par découvrir dans *Sagesse et
Destinée* [3]. Nous en avons, tout à l'heure, signalé
quelques-unes : le moment est venu d'en rechercher l'origine, et c'est dans la persistance incon-
sciente du dogme chrétien que nous croyons les
découvrir. Pourquoi, dans ce manuel d'optimisme,
Maeterlinck se borne-t-il à la justification de l'Etre

1. *Op. cit.*, p. 134 et 156.
2. *Op. cit.*, p. 289.
3. M. Brunschvicg avoue que « La pensée du philosophe
n'est pas à l'abri de toute oscillation » (*Etudes sur la philosophie morale au XIX° siècle*, p. 202, Alcan, éd.).

sans rien espérer du devenir ? Pourquoi, lui qui dépasse tous ses devanciers, reste-t-il en arrière des Encyclopédistes ?

C'est que ceux-ci s'étaient mieux libérés de la religion, ils tenaient mieux ce qu'ils avaient promis et remettaient plus intégralement les destinées des hommes entre les mains des hommes. Le mystique Maeterlinck est encore trop ivre de Dieu et du Dieu qui, ayant tout créé, préside au cours de la nature, — pour admettre que ce Dieu ne décide pas de tout selon notre plus grand bien. Tout ce qu'attend de l'avenir l'auteur de *Sagesse et Destinée*, c'est que nous nous y fassions de plus en plus parfaits ; — c'est, en effet, un soin que Dieu remet en nos seules mains ; mais quant aux événements futurs, au triomphe ou à la disparition de telle race (p. 14), tout cela est réglé à l'avance, nous n'y pouvons rien changer et ce que Dieu amènera, par cela seul que cela se sera produit, sera le bien. Je le répète, je crois qu'il y a là une contradiction.

Ce n'est pas la seule, et nous allons voir le rationaliste Maeterlinck compromettre gravement le rationalisme. Ce leibnizien met, en effet, la Sagesse « dans nos idées qui ne sont pas encore claires [1] », et déclare que « si l'on ne se laissait guider dans la vie que par ses idées claires, on ne tarderait pas à devenir un homme digne de peu d'amour et de peu d'estime ». Je ne crois pas que ni les Stoïciens ni Spinoza eussent approuvé cette déclaration. Pas plus d'ailleurs que cette autre : « Toute notre vie morale est située ailleurs que dans notre

1. *Op. cit.*, p. 75.

raison ; celui qui ne vivrait que selon cette raison serait le plus méprisable des êtres [1]. »

Qu'est-ce donc, au fond, que la Sagesse, et quel rapport l'unit en réalité à la raison ? La Sagesse est le meurtrier de la raison : « Ne pourrait-on pas dire que la Sagesse est la victoire de la raison divine sur la raison humaine ? » (p. 71.)

Mais alors ? Alors c'est le mysticisme chrétien, et il valait mieux nous le dire tout de suite, ne pas nous laisser croire que *Sagesse et Destinée* était le plus beau monument moderne élevé à la Raison humaine. Et si c'est à l'école du cœur et de l'âme qu'il faut toujours se remettre, ne valait-il pas mieux nous laisser suivre le Christ, le meilleur des maîtres ? Car c'est lui-même qui l'a dit : on n'en saurait servir deux, et qui n'est pas pour lui est contre lui. Il semble bien que Maeterlinck soit contre lui ; il est le plus noble chef de la réaction rationaliste, mais, d'autre part, le mystique finit, comme Pascal, par s'abîmer dans le mystère. L'un avait dit : « Le cœur a ses raisons que la raison ne connaît pas. » L'autre dira : « La raison peut croire à des choses qui se trouvent dans le cœur [2]. » Entre les deux affirmations, il faudrait cependant choisir : ou bien soutenir, comme Maeterlinck, que le pardon est affaire de justice, c'est-à-dire de raison — ou bien reconnaître, comme il le fait aussi, que c'est la Sagesse qui engendre la Charité et que cette Sagesse « plonge ses racines à côté de ce qu'on peut comprendre et expliquer », c'est-à-dire se confond avec la pureté de cœur chrétienne.

Ces doutes, ces désillusions, ne viendront pas à

1. *Op. cit.*, p. 105.
2. *Op. cit.*, p. 183.

l'esprit de la plupart des lecteurs — et c'est leur meilleure réfutation. Il y a une trop belle et trop haute sérénité dans le livre de Maeterlinck pour que la critique n'y perde pas ses droits. La raison humaine trouve là un si admirable fortifiant qu'elle ne songe pas à se demander si la formule ne contient pas des éléments hétérogènes. Et puis la langue admirable de Maeterlinck se fait complice et sous son charme un peu flou, on ne cherche pas les contours précis de la logique.

Retenons, en tout cas, la grande pensée de son livre, en la laissant exprimer à un autre mystique rationaliste qui, assez curieusement, l'avait formulée avant Maeterlinck en termes presque identiques : « L'homme n'est soumis à la puissance inconnue et mystérieuse du Destin, que dans la mesure où il est aveugle et inconscient. Mais il dépend toujours de lui de n'être ni aveugle ni inconscient. » (Fichte, *Reden an die deutsche Nation.*)

LA NOTION DE PARENTÉ

Lorsqu'aux jours sanglants de la Grèce héroïque, la pieuse Antigone enterrait son frère, elle enfreignait la loi écrite, mais elle satisfaisait à une loi supérieure non écrite et sa désobéissance la grandissait à nos yeux. Depuis ce temps lointain, toutes les lois ont été revisées et au cours d'innombrables bouleversements, le texte des unes s'est effacé, tandis que d'autres qui n'étaient inscrites que dans les nobles cœurs ont été consignées par écrit.

« Nature » et « Convention » empiètent chaque jour l'une sur l'autre : la nature est sujette à des variations, la convention prime la nature, et nous sommes conduits à nous demander, à la façon de Pascal, si « la nature n'est pas elle-même une première convention, comme la convention est une seconde nature[1] ».

C'est surtout lorsqu'on considère la famille moderne qu'on en vient à se poser de pareils problèmes. Combien les liens apparaissent relâchés, combien l'affection semble rare, aujourd'hui que le respect ne masque plus les lacunes !

A. Daudet, dans un de ses romans, remarquait

---

1. *Pensées*, art. III, § 13, t. I, p. 42 de l'éd. Havet.

il y a vingt ans déjà, que « la famille moderne est atteinte de la longue fêlure qui court du haut en bas de la société européenne, l'attaque dans ses principes de hiérarchie et d'autorité[1] ». Et plus près de nous, presque dans les mêmes termes, des observateurs de la vie moderne confessent que : « La famille craque, se disloque, car un impérieux problème s'est posé : faut-il agir d'après l'exemple, les voix, les principes, les préjugés des morts — ou, les revisant, chercher pour les vivants une morale nouvelle[2] ? »

En revanche, tandis que vont s'affaiblissant ces sentiments naturels, on peut suivre les progrès d'un sentiment artificiel, indépendant des liens du sang et fondé sur les seuls liens spirituels, — les geistige Baender — dont parle Faust. Que de dévouement envers des parents librement choisis, quelle puissance d'amour fraternel dans tant d'amitiés, que de cultes même rendus à la mémoire d'hommes qui ne soupçonnèrent jamais la force du sentiment qu'ils avaient inspiré !

Faut-il réprouver ces affections et les taxer d'extravagances sentimentales ? Les liens du sang constituent-ils par eux-mêmes un motif absolu d'attachement et le seul fait d'une descendance commune empêche-t-il de demeurer parfaitement étrangers l'un à l'autre ? Bien des parents ne peuvent-ils pas rester indifférents à l'égard de leurs enfants sans qu'il y ait rien là dont on doive s'indigner ? Au contraire, certaines parentés artificielles ne sont-elles pas tout aussi « naturelles » que les autres et souvent plus légitimes ?

1. *L'Immortel*, p. 354.
2. P. et V. Margueritte, *Les deux vies*, p. 192.

Il est vrai, peu de parents manquent de prodiguer à leurs enfants leur affection. Mais cet attachement n'est d'abord qu'instinctif ; c'est pourquoi on le voit surgir dès la naissance des enfants et se porter, aussi violent, sur chacun de ces petits êtres dont on ignore encore s'ils en seront dignes ou non. Il était nécessaire que l'individu naissant fût assuré de trouver un amour d'autant plus fort que cet amour serait plus instinctif. L'amour maternel a toute la force de l'instinct. Mais il peut ne pas s'élever plus haut, et il est des mères qui, pour leurs enfants, n'ont pas un attachement d'un autre ordre que celui qu'ont pour leurs petits un grand nombre de femelles.

Il est certain qu'un tel attachement, pour fort qu'il puisse être, n'est pas d'une nature très élevée et ne nous impose en retour que l'attachement, — toujours moindre, — des petits pour leur mère. Car « l'affection est comme les fleuves, elle descend mais ne remonte pas [1] ».

Il ne saurait être question, en ce cas, d'avoir pour nos parents la tendresse ou la reconnaissance que nous avons pour ceux à qui nous devons notre éducation.

L'affection des mères peut être plus complexe : elle débute *toujours* par l'amour maternel-instinct.

Quant aux pères, l'amour qu'ils vouent à leurs enfants est sensiblement moins instinctif : souvent même l'instinct n'y a presque aucune part. Dès

---

1. « Nature regardant à étendre et faire aller avant les pièces successives de cette sienne machine, ce n'est pas de merveille si, à reculons, des enfants aux pères l'affection n'est pas si grande ». (Montaigne, *Essais*, liv. II, ch. VIII.)

lors, quel motif y a-t-il pour que, *a priori*, un
père aime son enfant ? S'il y a là une indifférence
dont on se révolte, qu'on s'en prenne à la nature
qui a négligé de mettre l'instinct au cœur du père.
On ne saurait même pas s'indigner de ce que
répondit Aristippe à qui l'on prêchait l'amour qu'il
devait à ses enfants pour être issus de lui. « Et
cela, dit-il en crachant, en est aussi bien sorti,
nous engendrons aussi bien des poux et des vers. »

L'affection qui pourra naître ensuite n'en aura,
d'ailleurs, que plus de prix : elle aura, d'exister,
des motifs non plus instinctifs mais raisonnés.

Aussi faut-il nous garder, devant ces apparentes
anomalies, de conclure que ceux chez qui nous les
rencontrons étaient des monstres ou même des
hommes dépourvus de cœur.

Montaigne, chez qui la fibre paternelle restait
assez peu développée tant que ses enfants n'avaient
point encore « mouvement en l'âme », et qui nous
raconte en passant qu'il en a perdu « deux ou
trois en nourrice », a non seulement ressenti une
affection quasi paternelle pour une fille adoptive,
Mˡˡᵉ de Gournay, mais il s'est, en outre, attaché
profondément à ses enfants devenus grands, et il
leur a donné le meilleur de lui-même : son amitié.
Montaigne a blâmé les mœurs de son temps, il a
réclamé l'intimité entre les parents et les enfants,
et il a résumé son système d'éducation dans cette
exquise parole : « Quand je pourrais me faire
craindre, j'aimerais encore mieux me faire aimer. »

Les gens qui s'indigneraient de l'indifférence de
Montaigne ne feraient-ils pas preuve d'inintelli-
gence ? Quel motif avait cet homme d'élite d'aimer
a priori de petits êtres qui ne vécurent pas même

assez pour savoir ce que c'est qu'un père? Est-ce
étonnant qu'il ait été peu sensible à la perte d'enfants de quelques mois, envoyés dès leur naissance
chez une nourrice du pays, et que leur père
n'avait peut-être entrevus qu'une ou deux fois?
Ceux qui font à Montaigne un crime de ce qu'il
n'a point essayé de feindre des sentiments qu'il
ne pouvait pas éprouver, devraient, pour être
logiques, trouver qu'ils font une perte immense
quand ils donnent le jour à un enfant mort-né :
ils devraient même pleurer tous les enfants qu'il
était en leur possibilité d'avoir et qu'ils n'ont pas
eus.

I

Le seul fait d'être père ne nous oblige à aucune
affection envers nos enfants. Qu'ils soient nés de
nous, aient été élevés par nous, ce leur est une
chance de plus de gagner notre affection ; ce n'est
pas un titre dont ils se puissent prévaloir. Portés
vers eux par l'instinct, attachés à eux par l'habitude de la vie en commun et mieux à même, en
les voyant chaque jour, de les apprécier justement :
tout concourt à favoriser notre affection pour eux.
Mais nous ne devons la leur accorder qu'autant que
leur nature le mérite et que nous nous sentons
attirés vers eux par les qualités que nous appré-
cierions chez d'autres. L'inclination naturelle doit
marcher « quant et quant » la raison et lui rester
toujours subordonnée.

On se récrie très fort devant un aveu naïf, comme
celui de Montaigne, ou brutal comme celui d'Aristippe. Mais il conviendrait d'analyser bon nombre
de ces affections, soi-disant infiniment profondes,

des parents pour leurs enfants. On trouverait
d'abord que la plupart se limitent au sentiment tout
instinctif dont nous avons parlé, d'amour pour les
petits, — c'est ainsi que certaines femmes tout à
fait déchues le ressentent encore avec une terrible
violence. Dans beaucoup de familles, l'attachement pour les enfants n'est fait que d'habitude. On
les a élevés, c'était une chose naturelle ; puis on
s'est attaché à eux et s'ils venaient à disparaître, il
y aurait ce déchirement, ce vide qui se produit à
chaque lambeau de vie qui nous est arraché. Mais
le *bien des enfants*, s'il se trouve en conflit avec
l'égoïsme des parents, — le soin de former les
intelligences et d'élever les cœurs, que deviennent-
ils ? Les plus vraies affections elles-mêmes sont
souvent encore égoïstes. C'est pour *eux-mêmes
surtout* que beaucoup de parents aiment leurs enfants. Et c'est ainsi qu'ils ne peuvent se résoudre
à faire, pour le bien de ceux-ci, ce qui leur serait
pénible à eux-mêmes. On voit des parents compromettre la santé de leurs enfants plutôt que de con-
sentir à se séparer d'eux, contrarier leur vocation
plutôt que les laisser embrasser une carrière qui ne
serait pas celle que « l'affection paternelle » avait
choisie pour eux.

Si nous voulions la poursuivre, cette analyse
donnerait encore toutes les formes de la *vanité* :
des mères qui font de leurs enfants des poupées
qu'elles parent ; — de la *jalousie* : des femmes qui
ne pardonnent pas à leurs filles d'être plus belles
qu'elles ; — de l'*ambition* : des parents qui intri-
guent pour faire parvenir leurs fils à une situation,
un titre, une fortune qu'ils n'ont pu personnellement obtenir et dont quelque chose rejaillira sur

eux. Mais les choses peuvent aller plus loin encore
et certains parents, diversement coupables, sont
les bourreaux de leurs enfants.

La résistance qu'ils ont trouvée dans leur famille
a fait avorter le talent de beaucoup d'hommes.
D'autres ne sont arrivés au but qu'en rejetant le
joug tyrannique d'un père. Mais il faut surtout penser à ceux qui, plus faibles, se sont refusés à la
lutte et n'ont fait que traîner une vie de tâtonne-
ments, d'impuissance et de dégoût. On écrirait
une longue et lamentable histoire des souffrances
que certains êtres ont eu à subir de la part des
leurs. Et comme on souffre en proportion de
la faculté qu'on possède de souffrir — c'est-à-dire
de sentir, — il se trouve que ce sont les sensibilités
les plus fines qui ont été le plus froissées, les
natures les plus délicates qui ont davantage pleuré.

Julien Sorel n'aimait pas son père : il s'exprime
sans le moindre ménagement sur ce sujet, et les
jeunes gens, en lisant le début du *Rouge et Noir*,
se trouvent un peu choqués par ce cynisme. Mais
avant de faire son procès à Julien Sorel, il faudrait
pouvoir, pendant quelques instants, endosser sa
sensibilité, il faudrait se rendre compte de ce que
peut être, pour de semblables natures, un froisse-
ment, un malentendu de tous les instants[1]. Il serait
utile de relire aussi le *Journal* de Stendhal, et en
particulier le tragique fragment du 28 nivôse
an XIII. « Si quelqu'un s'étonne de ce fragment,
il n'a qu'à me le dire et je lui prouverai par écrit...
que mon père, à mon égard, a eu la conduite d'un

1. « Lorsqu'il partit pour les régiments d'Italie », nous
dit P. Bourget, « il exécrait sa famille dor.; il était, du
reste, maudit. » (Bourget, *Essais de psychologie*, p. 262.)

malhonnête homme et d'un *exécrable père*, en un
mot, d'un *vilain scélérat*... Rappelez-vous qu'avant
tout il faut être vrai et juste, même lorsque l'exercice de ces vertus donne raison à un homme de
vingt-deux ans contre un de cinquante-huit... et
à un fils contre son père[1]. »

Or, il est vrai que l'examen des faits donne à
Julien Sorel raison contre son père. Ce que nous
savons de celui-ci nous montre en lui « un caractère peu généreux », un homme avare quoique
riche qui laissa souvent son fils dans le besoin et
lui vendit sa maison « à des conditions léonines ».
Beyle, de son côté, fut-il un fils modèle ? Nous
n'oserions pas l'affirmer, mais il était, en tout cas,
capable d'attachement, car il a, s'il faut l'en croire,
« beaucoup adoré sa mère » (qu'il perdit, il est
vrai, lorsqu'il était encore enfant), et il a tendre-
ment aimé sa sœur Pauline.

Si peu attrayant que soit ce tableau des vilenies
paternelles, nous ne pouvons le quitter sans nous
apitoyer sur le sort de l'illustre victime que fut
Mirabeau. Sans doute, celui-ci non plus n'était pas
le fils modèle que des parents doivent souhaiter, —
mais on aurait pu régler sa violence et conduire à
bien ses passions, car il n'était pas méchant et il
était faible de volonté. Son père fut un monstre
et l'exaspéra. Ce père fit enfermer son fils à l'île
de Ré « et si des amis ne s'y fussent opposés, il
allait le faire embarquer pour les colonies hollan-
daises, où l'on n'envoyait que le rebut des autres
pays. » Ce même père obtint « que le droit des nations fût violé, pour faire enfermer son fils à Vin-
cennes ».

1. *Journal de Stendhal* (1801-1814), p. 124, 125.

Bref, il fut, selon le mot de La Harpe, « le premier ennemi de son fils ». Voici, en effet, comment le critique explique la haine du père à l'égard de son fils : « Cet homme impérieux et bizarre aperçut bien vite dans le premier développement des qualités de son fils un esprit d'indépendance dont il fut blessé, et une *supériorité de talent qui menaçait sa vanité*... Il *fut jaloux* et le fut à l'excès. Il devint un vrai tyran en refusant à son fils l'honnête nécessaire... en lui montrant sans cesse la rigueur d'un juge et la sombre défiance d'un *ennemi*[1]. »

Faudra-t-il nous indigner si, en de pareils cas, les enfants n'éprouvent pour leurs parents que de l'aversion ? On comprend même que cette aversion ait une aigreur particulière chez des enfants qui se sentent l'objet de dispositions anormales, et qui souffrent d'être victimes d'une exception. Car, hâtons-nous de le dire, ces cas, malgré tout, sont rares. L'amour filial prend racine, lui aussi, dans un sentiment instinctif — ou presque, — la reconnaissance, et trouve le plus souvent de nouveaux motifs de se développer.

Cependant, la complète affection réciproque entre parents et enfants, — un des plus beaux sentiments qui se puisse éprouver, n'est pas très fréquente et le devient de moins en moins. Les causes se multiplient qui tendent à creuser le fossé plus profond entre deux générations et l'unisson devient terriblement difficile avec les êtres compliqués que nous sommes tous aujourd'hui.

D'ailleurs, entre ceux d'une même génération,

---

1. Préface de *l'Essai sur le despotisme.*

entre frères et sœurs subsiste souvent le même
écart. Sans doute, comme le remarquait déjà Xénophon : « C'est beaucoup pour inspirer l'amitié que
d'être nés des mêmes parents, c'est beaucoup
que d'avoir été nourris ensemble, puisque les animaux même ont une sorte de tendresse pour ceux
qui ont été nourris avec eux[1]. » C'est beaucoup,
en effet, mais ce n'est point encore assez, et les
« âmes-sœurs » ne se trouvent pas toujours parmi
ceux qui sont « nés des mêmes parents ».

Aussi voit-on devenir sans cesse plus fréquents
et plus profonds des attachements nés librement.
Bien des êtres ne trouvant, parmi leurs proches,
personne qui fût digne de leur affection, l'ont repor-
tée sur des parents plus éloignés. Nous savions
déjà que dans les familles nombreuses une sœur
est souvent une mère pour la sœur plus jeune.
Mais il n'y a encore là qu'une sorte de substitution
de fonctions, parfaitement acceptable d'ailleurs ;
cependant c'est un privilège assez rare de pouvoir
trouver aussi près de nous une sensibilité qui s'ap-
pareille de la nôtre. Le plus souvent, il nous faut
chercher plus loin. Mais de quel prix est alors
cette affection que rien ne commandait et dont nous
avons fait un libre don ! Elle a pour elle cette
saveur spéciale qu'ont tous les produits mûris en
liberté.

Lorsque tout semble attirer notre tendresse, il
faut de graves raisons pour que nous la refusions ;
mais lorsque, au contraire, nous l'offrons libérale-
ment, nous nous montrons exigeants et il faut que
celui vers qui va notre sympathie ait des raisons

1. *Mémorables*, liv. II, 8.

bien fortes de la justifier. Et c'est, en effet, une parenté d'une sorte exquise que celle qui se forme ainsi, indépendante de tout lien. Il y a de nombreux exemples d'amour pseudo-paternel et pseudo-maternel, payés en retour d'un tendre amour pseudo-filial.

N'est-il pas touchant, ce chapelain de Saint-Benoît-le-Bétourné, ce brave Guillaume de Villon, n'est-il pas touchant dans son indulgente bonté envers son pendard de fils adoptif ? Lorsqu'en 1466, le poète Villon ose se réinstaller à Paris, le bon chapelain, oubliant tout, « tue le veau gras pour fêter le retour de l'enfant prodigue ».

Et je ne sais pas de trouvaille plus charmante sous la plume du poète que, dans la dédicace qu'il fait d'un roman héroï-comique à maître Guillaume, l'appellation de « plus que père » dont il se sert.

Mais c'est surtout sous la forme d'amitié que se nouent ces nœuds artificiels. Il est des noms qui passent inséparables à la postérité et, certes, La Boétie était plus proche de Montaigne que tous les frères possibles de celui-ci ! Non seulement la sympathie est plus complète dans ces affections formées « avec lumière et choix », mais elles exercent sur certaines existences une influence profonde, alors que nos proches n'en exercent aucune. Son amitié pour Poinsot a imprimé à la vie et aux idées de Michelet une direction dont elles se sont toujours ressenties. Berthelot seul eût pu dire ce qu'il devait à l'amitié de Renan.

Et ces parents d'élection sont susceptibles, pour nous, de dévouements que ne renieraient pas les mères les plus aimantes. Qu'on trouve beaucoup de frères capables de cette inaltérable patience, de ces tendres soins dont Ranieri ne se départit pas un instant, durant des années, vis-à-vis de Léopardi ! Ranieri lui fut, certes, plus parent que son propre père.

La plus grande fréquence de ces parentés d'élection ne tient pas seulement, comme je l'indiquais, à des raisons *individuelles*, à la complexité croissante de l'âme moderne, à l'abîme trop creusé entre deux générations. Elle tient aussi, et plus encore, à des raisons sociales.

Le progrès du mouvement socialiste, par les distances qu'il a comblées, les rapprochements qu'il a effectués, les associations qu'il a multipliées — bref, en *fortifiant le sentiment de la solidarité*, a effacé certains préjugés et graduellement élargi le cercle des affections.

La famille qui, d'une part, se disloque, semble ainsi se reconstituer, d'autre part, et ce n'est plus un fait « naturel » que nous trouvons à sa base, mais une notion devenue un principe vivant : *l'idée et le sentiment de la solidarité sociale*. C'est ainsi que, dans l'antiquité déjà, la famille reposait sur « la religion du foyer et des ancêtres [1] », et non pas seulement sur la génération.

Peut-être l'avenir réalisera-t-il, comme déjà le passé, une famille dont le principe sera une religion et dont les membres invoqueront, — sinon les mêmes ancêtres morts, — du moins les mêmes frères vivants.

Qu'on relise, dans cet espoir, la belle page où Jude, l'ouvrier pauvre, qui ne se savait pas père et à qui l'on vient d'envoyer son enfant, est sou-

---

1. Fustel de Coulanges, *La Cité antique* (11ᵉ édit.), p. 40.

dain pris de doute et se demande si le pauvre petit est bien son fils :

« Cette misérable question de la parenté, qu'est-ce après tout ? Et quand on y pense, qu'importe qu'un enfant soit ou ne soit pas vôtre par le sang ? *Tous les enfants de notre temps appartiennent collectivement* aux adultes de ce temps et ont droit à la sollicitude générale. Cette excessive affection des parents pour leurs propres enfants et leur indifférence envers les enfants des autres a, comme l'orgueil de caste, le patriotisme, le souci du salut personnel et autres vertus, — un bas égoïsme à sa racine [1]. »

Peut-être y a-t-il dans cette page l'annonce d'une façon de sentir prochaine. Partout, en effet, les barrières tombent en même temps que s'affirme entre tous les hommes ce large *love of comrades* (amour des camarades), chanté par W. Whitman.

En attendant qu'il soit pleinement réalisé, si nous ne pouvons donner notre affection à qui de droit, donnons-là sans scrupule, — un peu à tous d'abord — puis à qui nous en semble le plus digne. Ce qui importe avant tout, ce n'est pas tant à qui l'on donne que l'acte même de donner. Un poète avait dit :

> Aime une nue, aime une femme,
> Mais aime — c'est l'essentiel [2] !

Volontiers, modifiant ses vers, nous dirions :

> Aime un parent, aime un ami,
> Mais aime — c'est l'essentiel !

---

1. *Jude l'Obscur*, par Th. Hardy, p. 220 de la trad. française.
2. *Émaux et Camées*, Th. Gautier (*La Nue*, p. 201).

LES DESTINÉES DE L'AMOUR

A une époque où la notion d'évolution pénètre toutes choses, entraîne dans le courant du fleuve héraclitéen les plus solides piliers auxquels s'appuyait notre monde, ne peut-on espérer trouver quelque point fixe ? Peut-être, en revenant vers les sentiments les plus élémentaires, jusqu'à ceux qui émergent à peine au-dessus de l'instinct, rencontrerons-nous enfin dans le cœur de l'homme un point par où il soit demeuré pareil à lui-même, un trait auquel l'ancêtre et le descendant, s'ils se rencontraient à travers les siècles, se reconnaîtraient et vibreraient à l'unisson ?

Cet espoir, cependant, est encore bien présomptueux : le cœur de l'homme reste-t-il jamais pareil à lui-même ? C'est à peine si le même individu se reconnaît lorsqu'il se regarde sentir à des âges divers, et l'invisible changement qui fait son œuvre au cours d'une seule vie réalise de bien plus profondes modifications au cours des siècles.

C'est une banalité de dire qu'on n'aime pas à quarante ans comme à vingt ans, mais, n'en déplaise à ceux qui croient avoir analysé définitivement l'amour, il n'y a pas plus d'Eternel-Amour que d'Eternel-Féminin. La stabilité n'est nulle part, pas plus chez les amoureux que dans la nature même de l'amour.

L'illusion, cependant, semblait s'imposer. L'amour ne fleurit-il pas sur l'instinct le plus fondamental, le plus pareil à lui-même, si c'est cet instinct qui garantit la continuité de la race ? L'amour n'est-il pas « le plus ancien des dieux », ainsi que le déclare déjà Phèdre[1] dans l'Apologie qu'il en fait ? Et Vénus n'est-elle pas : « Celle qui peuple tout, par qui tout être qui respire, germe, se dresse et voit le soleil radieux[2] ? » Mais ces dieux-*Instincts*, si puissants qu'ils soient, nous demeurent cachés et nous ne connaissons de l'amour que le *sentiment*, instable comme l'homme dont il émane. Aussi notre dernière illusion tombe-t-elle à son tour, si nous interrogeons, en psychologues, l'histoire. L'amour nous y apparaît variable, entraîné comme elle dans le devenir : il se transforme avec elle, avançant à ses côtés, soumis aux mêmes lois qu'elle, significatif des mêmes phénomènes biologiques et sociaux, participant de la même complexité.

L'évolution des sentiments esthétiques et moraux avait déjà paru digne d'étude à certains auteurs : on s'était intéressé, en ces dernières années, à l'histoire du *sentiment de la nature*, reconnu d'origine récente ; dans la famille, dont nous avons vu varier la notion, les relations entre *parents et enfants*, les plus « naturelles » cependant, avaient été réfléchies par le miroir de l'art qui nous les avait montrées évoluant dans le sens d'une intimité

1. Platon, *Banquet*, trad. française, p. 351.
2. Lucrèce, *De la nature des choses*, liv. I, premiers vers.

croissante[1]; enfin, en ce qui concerne *l'amour*,
M. Stein signalait l'intérêt qu'il y aurait « à suivre
les divers stades de l'amitié, du patriotisme et de
l'amour[2] ».

Plus récemment, M. Ribot remarquait qu' « Il y
aurait à faire, d'après l'histoire, de curieuses
remarques sur les variations de certaines passions
selon le mode de l'époque. Ainsi en amour[3]. »
Sans entrer dans le détail de cette étude, essayons
d'en indiquer la direction, cherchons dans quel
sens s'est faite et semble se continuer cette évolution.

I

Quand nous parlons des modifications qu'il a
subies, en quel sens entendons-nous l'amour ? Il
faut bien commencer par une définition, puisqu'elle
va nous être imposée par les premiers faits que
nous devrons enregistrer. Enfermés dans notre
horizon étroit, nous n'envisageons d'ordinaire que
l'attraction réciproque de l'homme et de la femme,
cet amour qui ne tend qu'à perpétuer le vouloir-
vivre et dont Schopenhauer demeure le métaphy-
sicien. Il faut élargir notre conception de l'amour
si nous voulons y faire rentrer toutes les manifestations du dieu et ne pas oublier qu'avant notre
civilisation chrétienne, le monde antique, — le
monde grec, en particulier, — « a porté au plus
haut point le culte de l'amour ». Notre définition,

---

1. La Sizeranne, *Le miroir de la vie*, Les portraits d'enfants, IV.
2. Stein, *La question sociale au point de vue philosophique*, p. 61-62. (F. Alcan.)
3. Ribot, *Essai sur les Passions*, 2ᵉ édit., p. 9. (F. Alcan.)

si elle veut tout contenir, devra donc s'énoncer comme il suit : *L'amour est l'attirance d'un être humain vers un autre être humain, accompagnée du désir d'être uni à lui*, et ainsi l'amour grec trouvera place à côté de l'amour sexuel.

Cet amour antique, que son objet sépare si profondément de l'amour moderne, à ce point qu'il semblerait à première vue ne devoir pas rentrer dans notre étude, en diffère-t-il autant qu'il le paraît ? Et quelle est au juste la transformation qui s'est accomplie avec le Christianisme dans la situation officielle de l'amour ? Telles sont les premières questions qu'il nous faut examiner.

Tout d'abord déclarons sans hypocrisie qu'il n'y a rien dans les mœurs des Grecs que nous puissions déclarer leur privilège ; les goûts d'Alcibiade et de Sapho ne peuvent être pour nous ni une énigme, ni une monstruosité : dans tous les siècles il s'est trouvé nombre d'hommes et de femmes qui les ont partagés, et notre époque ne diffère pas des autres sur ce point. Ce n'est donc pas en présence d'un fait mystérieux que nous nous trouvons, c'est *l'attitude des individus devant ce fait*, c'est *le sens que prend à leurs propres yeux l'amour qu'ils pratiquent*, qui déconcertent notre moderne jugement de valeur.

Que pensent donc les Grecs de l'amour ?

Nous le demanderons surtout à Socrate, « qui fait profession de ne savoir d'autre science », et nous tâcherons de bien entendre sa véritable pensée, qu'il n'est pas toujours aisé de dégager.

Et d'abord Socrate ne fait pas de l'amour une apologie sans restriction. A cet égard on interprète souvent mal *le Banquet* de Platon, dans lequel Pausanias expose les vues du sage et répond à une opinion exprimée antérieurement par Xénophon.

L'amour n'est pas un dieu, c'est un *démon*, c'est-à-dire qu'il est, par sa nature, intermédiaire entre l'humain et le divin. Jusqu'ici, nous pouvons souscrire à cette conception : l'amour d'un être pour un autre être n'est pas le sentiment le plus élevé, néanmoins par l'amour, l'homme peut se dépasser lui-même et se rapprocher ainsi du divin. Les Grecs ne s'exagéraient pas la valeur de l'amour et l'on aurait tort de croire qu'ils en aient prêché l'excès : la tempérance était la vertu qu'ils estimaient surtout. « Rien de trop » demeurait leur devise et Alcibiade était jugé par ses contemporains, comme il le serait par nous, un débauché.

Il reste ce grand fait, objet de l'éternel procès fait aux Grecs, que l'amour des hommes, au lieu de s'adresser toujours aux femmes, s'adresse souvent aux jeunes gens. J'ai à peine besoin de dire, cependant, qu'ici encore il convient de faire des restrictions et puisque Socrate est notre autorité, remarquons que son attitude est un blâme à l'endroit des mœurs de ses compatriotes et qu'il s'abstient, pour sa part, de tout ce qui n'est pas l'amour « platonique ». Souvenons-nous des confidences un peu dépitées d'Alcibiade. Il est probable que plus d'un citoyen grec, tout en partageant la conception hellénique de l'amour, s'abstenait à l'exemple de Socrate : nous avons diverses raisons de penser ainsi. Car le goût général n'était pourtant pas un goût universel ; il y avait, au point de vue érotique, diverses sortes d'hommes : c'est ce qu'Aristophane, dans le mythe qu'il propose, cherche à expliquer. « Il y a, dit-il, des hommes qui aiment les femmes, la plupart des adultères appartiennent à cette espèce. » Et Xénophon parle de « l'homme qui, pour être heureux, épouse une belle femme et ignore si elle ne fera pas son tourment [1] ». Il aurait pu nommer Ménélas : la guerre de Troie atteste qu'une femme pouvait déchaîner parmi les hommes les passions de l'amour. Nous touchons là à un point trop souvent oublié : il est cependant superflu de dire, puisqu'il y eut plus d'une génération de Grecs, qu'ils fréquentaient les femmes et se mariaient. D'ailleurs la loi les y contraignait [2]. Et dans l'intimité conjugale se formaient des attachements profonds, des amours qui pourraient servir de modèles aux nôtres : tel celui d'Hector et d'Andromaque, d'Alceste et d'Admète. « Tout cela n'empêche pas qu'il y ait eu en Grèce beaucoup de bons ménages », conclut M. Monceaux (op. cit., p. 87).

L'amour des jeunes gens ne constituait donc qu'un luxe à l'usage de l'élite intellectuelle, c'était l'amour dont on se vantait. Aussi les Grecs, dans le choix de leurs amants, se montraient-ils difficiles et, de fait, à entendre Pausanias énumérer les conditions que doit remplir l'amant, on se convainc que ce n'étaient pas les premiers venus qui pouvaient inspirer de l'amour aux citoyens d'Athènes.

Mais, d'ailleurs, sans parler de ces liaisons qui exaltaient le courage et stimulaient l'intelligence des plus courageux et des plus intelligents, — à

1. *Mémorables*, I, 1.
2. *Banquet*, p. 373. Le célibat était interdit en plusieurs pays. Cf. P. Monceaux, *La Grèce avant Alexandre*, p. 74.

ne considérer les mêmes mœurs que chez les arti-
sans et le bas peuple, attachés à la seule satisfaction des sens, nous ne trouverons rien de commun entre ces amours et les actes par lesquels nos
modernes dépravés se croient les continuateurs des
Grecs. C'est que, lorsqu'on accomplit une action
qu'on se croit permise, avec le sentiment qu'elle
serait approuvée de tous ceux qui la connaîtraient,
on n'est pas déchu comme lorsqu'on agit hypocri-
tement, avec le sentiment de la faute : c'est peut-
être la seule raison pour laquelle jusqu'ici l'impureté d'une jeune fille la rend répréhensible alors
que celle de l'homme est tolérée. Certes, la femme
n'est pas plus coupable, mais elle se *croit*, se *sent*
plus coupable et par cette scission au sein de sa
conscience, elle se trouve déchue.

Ainsi, le seul fait qui doive nous arrêter et qu'il
s'agisse d'interpréter est d'ordre psychologique :
c'est ce fait que chez les Grecs l'amour de l'homme
pour l'homme, loin d'être jugé honteux et répréhensible, était considéré comme plus noble que
l'amour sexuel.

Qu'y a-t-il là de caractéristique ? Par où l'amour
grec ainsi entrevu demeure-t-il irréductible à
l'amour chrétien qui va lui succéder ? D'un mot
nous pouvons répondre à cette question : les Grecs
ont conçu et pratiqué l'amour en *intellectualistes*
(l'intellectualisme pénétrait, d'ailleurs, leur éthique),
tandis que les chrétiens interpréteront l'amour en
moralistes, et suivant une *morale* qui est la grande
innovation du Christianisme.

L'intellectualisme implique et explique les particularités que l'amour grec nous a présentées. C'est
de lui que résultent les rapports très particuliers

— sur lesquels il nous reste à insister — de l'*amour* et de *l'amitié*. L'amour, tel que le conçoivent les Grecs, n'a pas une origine irrationnelle : on ne le cherche pas encore dans le *cœur* et quand il n'est pas la simple sensualité, il a toujours l'approbation de l'entendement. De la sorte, il s'adresse au même objet que l'amitié, s'y superpose, et l'on ne peut guère admettre qu'il puisse exister là où celle-ci n'aurait pas de sérieux fondements. Sans doute, on aime d'amour dans des cas où l'on aurait pu n'aimer que d'amitié, mais on n'aime pas sans avoir des « raisons » d'aimer, et ces motifs sont ceux-là mêmes qui justifient l'amitié, qui assurent aux deux amants le plus grand « profit », au sens le plus noble de cet utilitarisme. Aussi quelles défi-nitions, quelles conceptions élevées de l'amour nous trouvons chez ces Grecs soi-disant dépravés : « L'amour se traite comme la philosophie et la vertu[1] »; « l'Amour est amant de la Sagesse, c'est-à-dire philosophe[2]. » En un mot, l'amour, si passionné qu'il soit, reste toujours d'accord avec la raison, et si l'on s'attache à des jeunes gens, c'est parce qu'eux seuls peuvent être aimés « d'un amour philosophique ». Inversement, chez ce peuple aristocratique et hiérarchique, la femme est un être trop au-dessous de l'homme pour qu'il puisse faire d'elle son amie et c'est pourquoi il ne s'abaissera pas à lui donner son amour[3]. Car

1. *Banquet*, p. 361.
2. *Id.*, p. 393.
3. Cependant les Grecs eux-mêmes considèrent la femme comme plus experte en amour que l'homme — ce qui est encore une raison pour qu'ils ne la négligent pas. Éros est le serviteur de Vénus. Socrate écoute Diotime avec la plus profonde admiration, il l'interroge humblement,

les Grecs jugent la femme moins belle que l'homme, (et telle elle nous apparaît, en effet, dans leur plastique), et inférieure à lui tant au point de vue intellectuel que musculaire. Un Athénien ne saurait considérer comme son égale un être que son sexe empêche de prendre part aux Jeux, de fréquenter l'Agora et de se mêler des choses les plus élevées, qui sont celles de la politique. Aussi sont-ce les gens du commun qui s'attachent aux femmes, « ceux qui aiment sans choix et plutôt le corps que l'âme[1] ». Seul, comme l'a dit un poète moderne qui a plaidé la cause des Grecs, « l'amour d'un égal rehausse ».

C'est là un point de vue très différent du nôtre. Nous connaissons, nous aussi, l'*amitié* et l'*amour ;* seulement, où nous plaçons notre amitié nous plaçons bien rarement notre amour, et quant à ce dernier, il ne présume aucune amitié : il est même toujours mêlé, nous le verrons, d'un certain sentiment d'hostilité.

Notre amour chrétien est-il, comme il croit l'être, plus pur, plus noble que celui des Grecs et en quel sens avons-nous le droit de flétrir les mœurs antiques ? Peut-être est-ce là un point qui nous réserve quelque surprise.

Notre amour humain, en effet, ne s'oppose qu'à l'amour divin, il diffère peu de lui-même et présente partout le même caractère : c'est une *passion,* née le plus souvent d'une manière subite, insoucieuse toujours de la valeur de l'être aimé, et

elle est la suprême autorité. Une autre fois il cite « la belle Sapho » parmi les auteurs qui ont le mieux parlé de l'amour. (*Phèdre*, p. 309.)

1. *Banquet*, p. 355.

n'ayant d'autre but que de se satisfaire, fût-ce en causant le malheur de son objet. De la sorte, les éléments les plus élevés de l'amour vont à *Dieu*, tandis que les plus délicats, les plus intellectuels, les plus immatériels sont revendiqués par l'*amitié* : il ne reste, pour l'amour humain, que la passion : d'où son caractère dramatique et en particulier son instabilité.

Il n'en allait pas ainsi dans l'antiquité. L'amour grec était de deux sortes : il y avait une Vénus populaire et une Vénus céleste; mais *l'objet de celle-ci était encore terrestre*, c'était encore un sentiment humain. Or, si l'amour populaire allait aux femmes, ce qu'inspiraient les jeunes gens, c'était précisément cet attachement d'élite, inspiré par la Vénus céleste et dans lequel l'amour et l'amitié ne se distinguaient plus l'un de l'autre. Dans ce sentiment se retrouvent le « désir de perfection », l' « horreur du vice », la « facilité à accepter la mort », — qui ne sont éveillés, chez les modernes, que par l'amour divin; et d'autre part, la communauté d'éducation, de goûts, d'idées, l'estime réciproque, — bref, la sympathie rationnelle qui est le privilège de l'amitié.

De la sorte, cet amour plane au-dessus de la passion. Car, loin d'être divinisée comme elle le sera plus tard, la passion est flétrie par les Grecs intellectualistes : elle est, en effet, un « délire », elle fait perdre à l'homme le plus précieux de tous les biens, la possession de soi. « Car, assurément, ceux qui gardent la tête saine jouissent de plaisirs plus purs que les victimes de la passion », déclare Lucrèce. (*Op. cit.*, liv. IV, fin.)

Au contraire, l'amour entre égaux, profitable à

tous deux, cet amour dans lequel deux intelligences
se confondent, embellit la vie sans la bouleverser,
il n'entraîne pas de catastrophes et ayant les meil-
leures garanties de durée, il permet aux amants
de « passer toute leur vie avec ce qu'ils aiment [1] ».

Sans doute, à ce sentiment complexe, l'amour
ajoutait quelque chose, mais, de ce surplus, l'importance était secondaire et l'intimité physique ne
venait que parachever un commerce plus imma-
tériel.

Diotime, la suprême Sachante, définit quelque
part l'amour : « La production dans la beauté, soit
par le corps, soit par l'esprit [2] » ; car l'abîme n'est
pas encore creusé à l'infini entre l'un et l'autre,
et si l'on en peut conclure que les choses du spirituel sont moins pures, nous sommes bien en droit
d'en induire, en ce qui concerne les choses du cor-
porel, qu'elles sont plus spirituelles. A vrai dire,
elles ne se séparent pas : Aphrodite n'apparaît
qu'à ceux qui se refusent à désunir Arété et Try-
phé [3].

L'amour chrétien, qui se croit plus noble parce
qu'il est toujours un amour sexuel, est précisément celui que les Grecs rattachaient au corps
seul : c'est l'amour « de ceux qui n'aspirent qu'à
jouir », « qui choisissent sans raison », « qui s'adres-
sent aux femmes ». L'amour sexuel étant l'effet
d'un instinct commun à la brute et à l'homme et
dans la satisfaction duquel ce dernier obéit à une
impulsion aveugle, — semble chose assez grossière
aux Grecs. Il est curieux de noter qu'ils font pro-

1. *Banquet*, p. 856.
2. *Op. cit.*, p. 897.
3. Voir P. Louys, *Préface d'Aphrodite*, p. 4.

venir la Vénus populaire des amours de Jupiter et de Dioné, c'est-à-dire d'un couple, tandis que la Vénus céleste « n'est pas née de la femelle » : ainsi les amoureux de l'ordre le plus élevé ont le privilège d'une sorte de virginité, ils la gardent en s'attachant à un autre être et la conservent même lorsqu'ils engendrent par une sorte de parthénogénèse.

Ainsi, et cette conclusion pourra sembler imprévue : l'amour antique pourrait, en un sens, être dit plus « pur » que l'amour chrétien, au sens où le Christianisme lui-même entend la pureté. Nous allons, d'ailleurs, nous expliquer de quelle manière ; nous allons voir que si les manifestations corporelles sont moins essentielles à l'amour grec qu'à l'amour chrétien, c'est que l'idée de faute n'y est pas encore attachée ; si la soif de jouissance est moins avide, c'est qu'elle n'a pas l'attrait du fruit défendu ; si les appétits charnels sont moins grossiers, c'est qu'en les satisfaisant on ne succombe à aucune lutte et on n'offense aucun dieu. C'est le Christianisme qui va bouleverser l'amour et donner aux attachements humains des coefficients tout nouveaux de valeur.

II

Le christianisme a pour résultat capital d'intensifier formidablement la *valeur de l'amour*. Il apparaît, en effet, comme une réaction contre une civilisation dont le caractère a été intellectuel et hiérarchique : comme telle, la nouvelle religion placera son principe dans l'irrationnel, dans le « cœur », dans ce par quoi nous pouvons tous

être égaux. Et cette religion est née, non d'une
métaphysique ou même d'une réforme morale,
mais de *l'amour d'un Dieu-homme* pour les hommes,
ses frères. A partir du jour où le Christ expire sur
la croix, l'amour prime tout dans la civilisation
qu'il fonde.

Car si l'amour est un sentiment assez beau pour
qu'un Dieu l'ait éprouvé à l'égard des hommes,
il est naturel que ce soit le seul sentiment dont les
hommes puissent payer Dieu en retour ; et ce Dieu,
qui s'est incarné dans un corps humain, on l'aimera
comme une personne, on finira, nous le savons,
par lui adresser les paroles brûlantes auxquelles
il suffirait de changer peu de chose pour se trouver
en présence d'un amour très profane...

La charité devient une vertu théologale.

C'est encore l'amour divin qui se retrouve dans
l'amour humain : c'est Dieu que nous aimons dans
nos semblables, c'est son exemple que nous imi-
tons en nous attachant aux humains. Quelle valeur
va prendre un sentiment par lequel nous entrons
en communion avec Dieu !

Le christianisme va ainsi réaliser à son profit
un détournement très habile : ne pouvant détruire
l'instinct qui attire deux êtres l'un vers l'autre, instinct qui pourrait être un grave obstacle à la religion, il l'adopte et le traduit en son propre langage, l'anoblit par l'amour et voit dans l'union de
l'homme et de la femme, celle du Christ avec son
Eglise. Les Anciens n'avaient pas songé à se glo-
rifier de leurs amours : désormais les chrétiens
mettront leur honneur à aimer.

Il s'ensuit un changement complet dans la condition sociale de la femme. Elle est, maintenant,

l'égale de l'homme, puisque l'intellect est vanité, le corps poussière, et puisque seule importe la volonté droite, l'obéissance à la loi divine, dont hommes et femmes sont également capables.

Le christianisme fait plus encore : il glorifie la femme en la personne de la Vierge Marie, de qui un Dieu a voulu naître et qui partage avec lui l'adoration des fidèles. La Vierge-Mère est l'idéal des cœurs chrétiens. Tel est l'état de choses qui s'épanouit au moyen âge. « La chevalerie, les cours d'amour, les tournois, autant d'institutions qui témoignent de la dictature féminine librement acceptée et pratiquée comme un culte. C'est bien alors que la femme peut être proclamée « l'âme du « monde ». Reine du foyer et souvent reine effective de grandes nations, la femme est alors la grande Inspiratrice, le stimulant et le but de toute activité [1]. »

Mais la situation de la femme est contradictoire. Relevée, glorifiée d'une part, ainsi que nous l'avons vu, elle est, d'autre part, un objet de terreur et d'opprobre, car elle est la Tentatrice. L'amour humain, précisément parce qu'il s'exalte, constitue un danger pour l'amour divin, il expose l'homme à oublier le Créateur pour la Créature. Ce qui les différencie maintenant l'un de l'autre, ce n'est plus leur degré inégal de perfection, c'est *l'existence d'un corps chez la créature seule* ; ce corps, obstacle qui sépare l'homme de Dieu et le porte à oublier que sa vraie nature est immatérielle, — est un objet de malédiction. Le corps, instrument de péché, doit être châtié et non satis-

1. Th. Joran, *Op. cit.*, p. 200-201.

fait ; le plaisir charnel que l'homme éprouve est un crime envers Dieu parce qu'il est mortel à l'âme, principe divin que l'homme porte en lui. Nous détacher du corps, c'est nous rapprocher de Dieu, — nous y attacher c'est nous éloigner de ce Dieu, le tuer en nous et par conséquent l'offenser mortellement. Or les plus violents plaisirs sont ceux de l'amour, et quand le corps s'y complait, l'âme agonise : dès lors la chasteté devient une vertu, Marie est vierge, et l'amour qu'elle incarne est un amour maternel où ne se mêle aucune sensualité, puisque l'Enfant a été conçu par le Saint-Esprit, c'est-à-dire sans trace d'amour charnel.

Nous aurons donc, d'une part, les litanies de la Vierge-Mère : « Siège de Sapience, miroir de la justice, vase d'élection, porte du ciel », et de l'autre, les contre-litanies qu'entonneront contre la Femme, dispensatrice de volupté, tous les théologiens, les Pères de l'Eglise, les saint Antoine tentés : « Porte de l'Enfer, plus amère que la mort, chemin de l'iniquité, sentinelle de Lucifer, vase d'impureté, » etc.

Car la femme est la cause du péché originel. Dans cette chute, c'est Eve qui a entraîné Adam, c'est elle qui l'a tenté, et lui s'en veut d'avoir faibli, — il en veut surtout à la femme de ce qu'elle l'a fait son complice et du châtiment auquel elle l'a exposé. Cependant, il sait qu'il ne résistera jamais aux plaisirs que lui offre la femme : il cède donc, mais son amour reste toujours mêlé, sinon de haine, du moins, comme je le disais plus haut, d'hostilité.

Ainsi, dans le monde façonné par le Christianisme, il se produira désormais un conflit : les cœurs seront portés à l'amour, mais la terreur du

péché fera hésiter les corps, qui succomberont
après avoir trouvé dans les luttes de la conscience
le plus puissant multiplicateur de la jouissance
finale. L'amour est entré dans la *période dramatique*;
c'est au sein de la société chrétienne qu'il trouve
ses plus glorieuses incarnations, le christianisme
lui prête une grandeur factice et éphémère.

C'est ce qu'a très bien vu M. Faguet : « Le christianisme », dit-il, « en faisant de l'amour et un péché
et un redoutable et mystérieux ennemi, l'a poétisé,
l'a divinisé, en a fait une volupté dont on rêve avec
des délices mêlées de frissons et dont par conséquent on rêve toujours ; et donc *en prétendant détruire l'amour, il l'a créé*... C'est grâce à l'Eglise
que les affaires d'amour devinrent le seul intérêt
véritable, commun à tous les milieux, *avec une exagération qui aurait paru risible à l'antiquité et qui
ne manquera pas, un jour, de faire rire*... L'amour
est présenté toujours comme *événement principal.*
Peut-être à cause de ce jugement la postérité trouvera à tout l'héritage de la civilisation quelque
chose de *mesquin et de fou*[1]. »

Cette situation morale, créée par le christianisme,
a son contre-coup social. De l'anathème prononcé
contre la chair, s'ensuit la disparition de la courtisane[2] et la société chrétienne ne connaît pas la
distinction que faisaient les Grecs entre les *hétaïres*,
prostituées vulgaires, et les *courtisanes*, femmes
très considérées qui joignaient à la beauté la cul-

1. *En lisant Nietzsche*, p. 56.
2. Un jeune poète l'a déploré :
  « La femme...
    « Afin que l'homme pût éclairer sa pauvre âme,
    « La femme ne sait plus même être courtisane ! »
(Arthur Rimbaud, *Soleil et Chair*, œuvres, p. 27.)

ture de l'esprit. C'est aux courtisanes que s'adressait surtout l'amour antique, c'est elles qui inspiraient les artistes, c'est dans leur compagnie que se plaisait l'élite intellectuelle ; quant aux épouses, on ne leur donnait ni ne leur demandait d'amour. « Une femme légitime n'a nul besoin de se livrer à des mouvements voluptueux », déclare Lucrèce [1]. Le christianisme qui, pour juger, se place à un point de vue nouveau, ne distinguera pas entre les hétaïres et les courtisanes, entre les pauvres et les riches, les ignorantes et les cultivées : il ne connaîtra que les femmes qui ont le cœur pur et celles qui ne l'ont pas. Non seulement nous sommes réduits à ces deux catégories, mais nous savons même que parmi les femmes les plus méprisées beaucoup ont trouvé grâce devant le Christ, lequel a jugé leur cœur plus pur que celui des Pharisiennes : des prostituées marchaient à la suite de Jésus.

Or, par la suppression des courtisanes, dispensatrices intelligentes de volupté, le christianisme a eu pour résultat ce fait social essentiel, *d'introduire l'amour dans le mariage*.

Autrefois, les attributions de la maîtresse et celles de l'épouse demeuraient absolument distinctes : à la première on demandait l'amour, à l'autre des enfants, et les deux femmes étaient traitées avec considération. Antoine traversait l'Italie suivi de deux litières, dont l'une renfermait sa femme, l'autre la comédienne Cythéris.

Cette conception antique, cette idée que le mariage exclut l'amour se prolonge longtemps encore,

---

1. Liv. IV, p. 287 de la trad. Crousle.

et nous la retrouvons chez une grande amoureuse du moyen âge, nourrie, il est vrai, des auteurs anciens. Héloïse écrit à Abélard : « Si le nom d'épouse est plus saint et plus puissant, celui d'amante m'a toujours semblé plus doux, même (et ne t'en indigne pas) celui de concubine et de prostituée [1]. »

Cependant, à la longue, la révolution chrétienne porte ses fruits : ce sont les épouses qui deviennent les courtisanes, c'est dans sa femme légitime que l'homme cherche une maîtresse. « Que veux-tu, déclare Etienne à Germaine, je ne peux pas t'aimer autrement que d'amour [2] ! » Et sa femme le lui rend à ce point que si « la maîtresse avait été la vie régulière, la femme est devenue la vie irrégulière [3] ».

Il est vrai de dire que le mariage d'amour, œuvre du christianisme, sera rarement heureux et qu'il nous ramènera à un état de choses plus regrettable encore que celui dont l'antiquité nous a offert l'exemple.

Car chez l'épouse-maîtresse, l'un des personnages, presque forcément, fait tort à l'autre, et l'adultère vient offrir ses ressources. De nouveau règnent à côté l'une de l'autre la femme et la courtisane, seulement les courtisanes sont les femmes... du monde, c'est-à-dire des autres.

1. Lettres d'Héloïse et Abélard (éd. Charpentier, p. 58 et p. 120).
2. Porto Riche, *Amoureuse*, fin du 1er acte, p. 110.
3. Id., acte II, p. 147.

III

Tant de méfaits sont-ils imputables au seul christianisme ? Son évolution n'a-t-elle pas traversé une
crise à laquelle il faut se reporter si l'on veut
comprendre la valeur de l'amour à une certaine
date et la réaction qui, à notre époque, commence à s'effectuer ?

La crise dont je parle est désignée dans l'histoire
du nom de *romantisme* : la victoire que remporte
alors la sensibilité, l'hypertrophie du cœur, le
réveil de la religiosité (détournée de sa pureté primitive dans le sens d'une sensualité toute catholique), tous ces éléments du romantisme contri-
buent à l'exaltation de l'amour. C'est le romantisme
qui confère expressément à l'amour ce caractère
divin qu'il portait depuis dix-huit siècles en lui sans
s'en douter : « L'amour participe désormais de
toutes les qualités de sa céleste origine, il est
noble, généreux, sublime, il est pur, il est sacré,
on ne craint pas de nous en étaler sous les yeux
les effusions mystiques [1] », et elles ne cessent pas
d'être pures puisque c'est Dieu qui les met en nous.

C'est à Rousseau qu'il faut rattacher cette conception romantique de l'amour, la théorie de la
fatalité et du droit souverain de la passion. On
trouve dans la *Nouvelle Héloïse* l'ébauche de cette
phraséologie qui s'étalera à travers tout le roman
et tout le théâtre romantiques. Dès sa première

---

1. Maigron, *George Sand et les Mœurs* (Rev. de Paris,
1903), p. 578.

lettre, Saint-Preux écrit à Julie : « J'ose me flatter quelquefois que *le ciel* a mis une conformité secrète entre nos affections. » Et plus loin : « Connaissez-le enfin, ma Julie, un *éternel arrêt du ciel* nous destina l'un pour l'autre ; c'est la première loi qu'il faut écouter [1]. »

L' « extraordinaire audace » de George Sand n'a plus rien qui nous puisse étonner ; sa Fernande est un disciple fidèle de Rousseau quand elle écrit à Octave : « Pour toi je ressens une affection à laquelle je ne chercherai point de nom, mais que *Dieu m'inspire* et que *Dieu bénit* ! »

La famille de ces héros fut — hélas ! — infiniment nombreuse (on trouverait des types illustres chez Lamartine, Hugo, Alexandre Dumas), mais les survivants se font rares et l'on peut dès aujourd'hui reconnaître que le romantisme « a abouti, dans les mœurs, à une désastreuse et lamentable banqueroute [2] ». Le grossissement, l'exagération de l'importance accordée aux choses de l'amour — que déplore M. Faguet — ne sont donc imputables qu'à une *crise particulière* de la civilisation chrétienne, à la crise romantique, dont les conséquences, pour regrettables qu'elles soient, ne laissent pas de s'effacer.

La réaction anti-romantique, partie des pays protestants, a rétabli, au nom de la raison, la chair dans ses droits et fait ainsi descendre l'amour de son piédestal : il est dépouillé de son prestige depuis que la chasteté a cessé d'être une vertu, que

---

1. *Nouv. Héloïse*, 1re partie, lettre XXVI. Et ailleurs : O Julie ! Si le *Ciel* nous avait destinés... (alors) toute la force humaine... (Lettre I).
2. Maigron, *op. cit.*

l'ascétisme ne nous fascine plus et que la satisfaction des sens, devenue légitime, a perdu la saveur du fruit défendu. L'amour semble entrer dans la *période rationaliste*. Pouvons-nous entrevoir ce qu'il y sera ?

Un fait, en tout cas, nous est acquis : quel que soit l'avenir, le passé n'a pas été uniforme et les siècles qui s'étendent derrière nous n'ont ni conçu, ni réalisé l'amour d'une manière identique. Il y aurait une bien jolie promenade à faire à travers la littérature universelle pour aller de l'un à l'autre des amoureux classiques ; la route qu'il faudrait suivre serait, d'ailleurs, celle du roman, car « Nulle part mieux que dans les romans on ne peut voir ce qu'une époque a pensé ou rêvé de l'amour (ou de la galanterie) [1] ».

Nous n'avions pas à tenter cette excursion, qui pourrait commencer en France avec les *Lettres d'Héloïse à Abélard* et se terminer avec *La Rebelle*. Mais dans notre revue à vol d'oiseau, nous avons pu constater qu'à chaque grande époque l'amour présentait un même caractère général, par lequel il reflétait un moment de la civilisation et avec elle le goût d'une société. Il y a, en effet, pour l'amour comme pour le costume, une *mode*, « il y a un modèle courant qu'il est impossible de ne pas suivre et ce modèle varie sans cesse [2] ». Le langage lui-

---

1. *J.-J. Rousseau et les origines du cosmopolitisme littéraire*, par J. Texte, p. 223.

2. *G. Sand et les Mœurs*, par Maigron (*Rev. de Paris*, 1903, p. 578).

Pascal avait déjà constaté le fait :

« Comme les femmes ont un empire absolu sur l'esprit
« des hommes... (elles déterminent souvent l'original de
« beauté qu'ils cherchent.) C'est pourquoi il y a un siècle

même reflète cette évolution : dans le vocabulaire
de l'amour, les mots prennent rapidement un sens
nouveau. C'est ainsi qu'un « amant », au XVIIe siècle,
est celui qui aime ou est aimé, — tandis qu'au
XIXe siècle, le mot implique des relations précises :
l'amour est devenu moins sentimental et plus réaliste.

Pouvons-nous discerner quelques-uns des traits
qui seront ceux de l'amour au XXe siècle ?

Il semble bien, tout d'abord, que l'heure prédite
soit arrivée, et que notre société, à mesure qu'elle
se « déchristianise » et se « déromantise », éprouve
le besoin de reviser certaines valeurs, parmi lesquelles celle attribuée aux passions de l'amour
lui paraît entachée, plus que d'autres, d'une
énorme erreur. C'est du moins l'avis d'un personnage fort judicieux du théâtre moderne : « Enfin,
espérons qu'avant dix-neuf cents ans on aura
*ramené l'amour à ses justes proportions !... (qu'on
ne le) rabaissera plus au niveau de l'épilepsie
et de l'alcoolisme* [1] ! » Les crimes passionnels,
vraisemblablement, diminueront de fréquence ;
en tout cas le public, délivré du préjugé romantique, les jugera comme fait le Baron, d'un point

---

« pour les blondes, un autre pour les brunes... La mode
« même et les pays règlent souvent ce que l'on appelle
« beauté. C'est une chose étrange que la coutume se mêle
« si fort de nos passions ». (*Discours sur les passions de
l'amour.*)

1. M. Donnay, *Paraître*, acte IV, 2e tableau, scène 1re
(Le baron). Voir aussi les opinions de Chérange dans
l'*Affranchie*, du même auteur. Ce personnage, qui repré-
sente la jeunesse intellectuelle, « ne s'arrête pas aux
choses de l'amour ». Il déclare : « Si nous avions à refaire
Antony, nous dirions : Elle me résistait, je n'ai pas
insisté. » (Acte II, scène V, p. 125.)

de vue plus exact [1] et acquittera moins souvent.

Quant aux individus qui inspireront l'amour, si l'on en croit un homme qui fut souvent prophète, « dès aujourd'hui on n'aime plus une femme uniquement parce qu'elle est belle ; cela arrivait autrefois, dans les temps barbares, mais ne saurait se produire chez des esprits aussi raffinés que ceux de l'époque actuelle [2] »,

Je crains qu'il n'y ait là un peu d'optimisme intellectualiste, mais il est certain que notre idée de la beauté a évolué et que nous avons « aux peuples anciens des beautés inconnues », qui résident dans l'expression et témoignent d'un goût plus délicat. Il est, en outre, évident que le progrès des idées modernes, l'éducation féministe ont introduit dans notre société démocratique un mode nouveau — ou une mode nouvelle — d'amour, que j'appellerai *l'amour-camaraderie*, dans lequel la femme est plus proche de l'homme qu'elle ne l'a jamais été. Le langage, que j'invoquais tout à l'heure, reflète ici encore l'évolution accomplie. On parle aujourd'hui moins de « maîtresses » que d' « amies », comme si les relations amoureuses impliquaient avant tout la confiance, la parfaite camaraderie exigées dans l'amitié.

Et cet amour moderne pourra fournir des

---

1. L'abrogation de l'article rouge est déjà réclamée : « Nous voudrions qu'il n'y eût, pour ce qu'on est convenu d'appeler des crimes passionnels, *jamais de circonstances atténuantes*. Nous voudrions que jamais le meurtre ne pût sembler excusable, légitime, quelquefois même héroïque !... (P. et V. Margueritte, *Quelques idées, Crimes passionnels*, p. 207.)

2. Gobineau, *Souvenirs de Voyage* (Akrivie Phrangopoulo).

exemples dignes de ceux qu'on admire dans le passé. Il réalisera une sorte de synthèse de l'amour antique et de l'amour chrétien : il sera un amour sexuel et naturel comme celui-ci, en même temps qu'il aura pour objet, comme celui-là, l'être qui aura su inspirer le noble sentiment de l'amitié, « fleur suprême de l'homme[1] ».

1. Verlaine, *Poésies* (Amour, A Fernand Langlois).

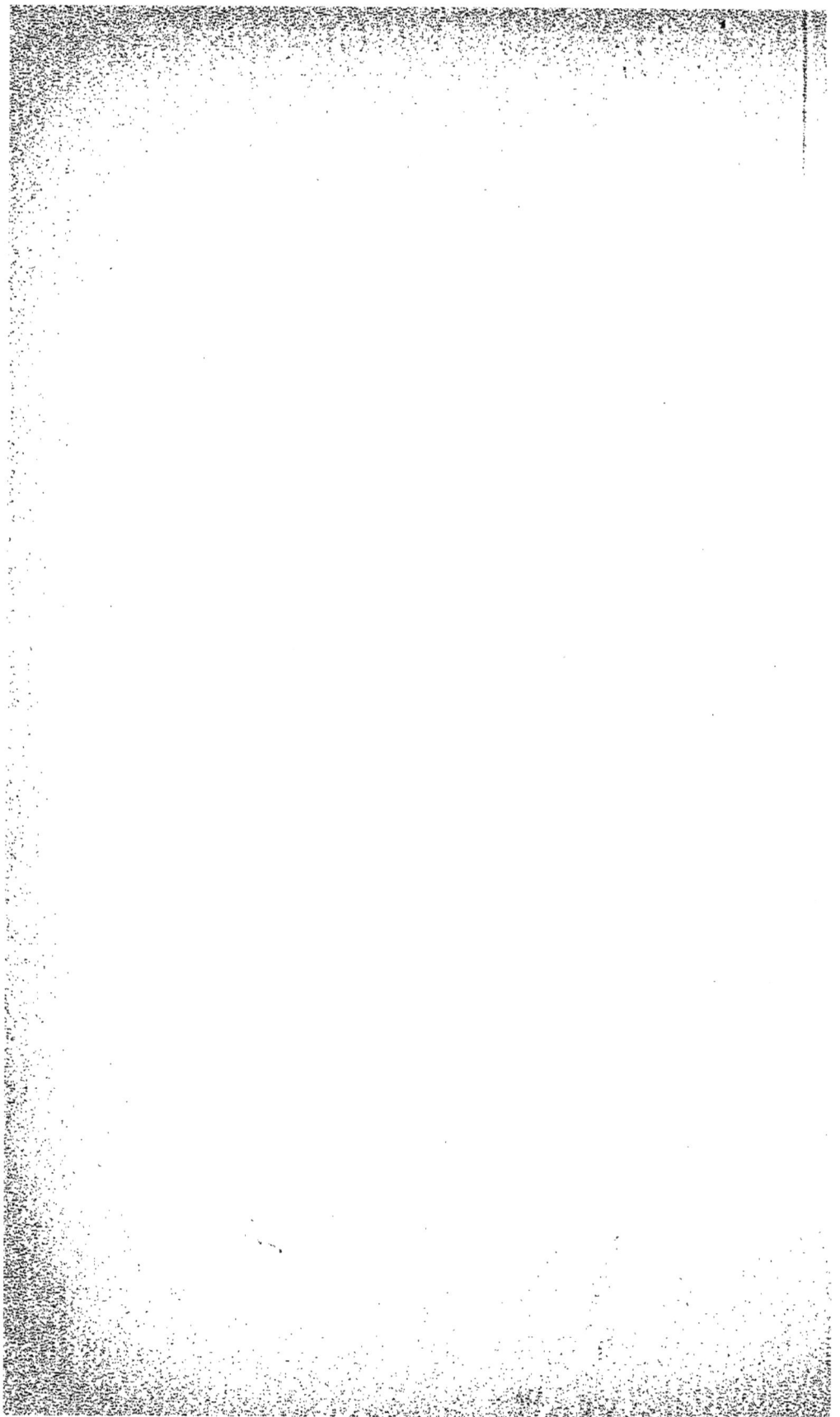

TABLE DES MATIÈRES

Pages

PRÉFACE. 1

PESSIMISME

Le pessimisme dans l'antiquité. (Pessimisme
païen.) 3
Le pessimisme de Pascal. (Pessimisme chré-
tien.) 23
Le pessimisme de Léopardi. (Pessimisme athée.) 49

FEMINISME

Le féminisme devant la science. 71
Le féminisme devant la morale. 83
Le féminisme devant la littérature. 98

MORALISME

La Sagesse de Maeterlinck et la Bible moderne. 121
La notion de parenté. 137
Les destinées de l'amour. 150

IMPRIMÉ

PAR

PHILIPPE RENOUARD

19, rue des Saints-Pères

PARIS

BIBLIOTHÈQUE DE PHILOSOPHIE CONTEMPORAINE

Volumes in-16: chaque vol. broché : 2 fr. 50

EXTRAIT DU CATALOGUE

Palante.
Précis de sociologie. 3e édit.

Herbert Spencer.
Classificat. des sciences. 8e éd.
L'individu contre l'Etat. 7e éd.

Th. Ribot.
La psych. de l'attention. 9e éd.
La phil. de Schopen. 11e éd.
Les mal. de la mém. 18e édit.
Les mal. de la volonté. 22e éd.
Mal. de la personnalité. 13e éd.

Hartmann (E. de).
La religion de l'avenir. 6e éd.
Le Darwinisme. 8e édit.

Schopenhauer.
Essai sur le libre arbitre. 9e éd.
Fond. de la morale. 9e édit.
Pensées et fragments. 21e éd.
Ecrivains et style.
Sur la religion.

L. Liard.
Logiciens angl. contem. 5e éd.
Définitions géomét. 3e éd.

A. Binet.
La psychol. du raisonn. 4e édit.

Mosso.
La peur. 3e édit.
La fatigue. 5e édit.

G. Tarde.
La criminalité comparée. 6e éd.
Les transform. du droit. 4e éd.
Les lois sociales. 5e éd.

Ch. Richet.
Psycholog'e générale. 5e éd.

Tissié.
Les rêves. 2e édit.

J. Lubbock.
Le bonheur de vivre 2 v. 9e éd.
L'emploi de la vie. 6e édit.

Queyrat.
L'imagination chez l'enfant.
L'abstraction dans l'éduc. 2e éd.
Les caractères 3e éd.
La logique chez l'enfant. 3e éd.
Les jeux des enfants.

Gustave Le Bon.
Lois psychol. ↑ évolution
des peuples. 8e édit.
Psychologie des foules. 12e éd.

E. Durkheim.
Règles de la méth. soc. 4e éd.

P.-F. Thomas.
La suggestion et l'éduc. 3e éd.
Morale et éducation. 2e éd.

R. Allier.
Philos. d'Ernest Renan. 3e édit.

Lange.
Les émotions. 2e éd.

E. Boutroux.
Contin. des lois de la nature.

L. Dugas.
Le psittacisme.
La timidité. 3e édition.
Psychologie du rire.
L'absolu.

Danville.
Psychologie de l'amour. 4e éd.

C. Bouglé.
Les sciences soc. en Allem.

Max Nordau.
Paradoxes psycholog. 6e édit.
Paradoxes sociolog. 5e édit.
Génie et talent. 4e édit.

G. Richard.
Social. et science sociale. 2e éd.

F. Le Dantec.
Le déterminisme biol. 2e éd.
L'individualité. 2e éd.
Lamarckiens et Darwiniens.

Flérens-Gevaert.
Essai sur l'art contemp. 2e éd.
La tristesse contemp. 4e éd.
Psychologie d'une ville. 2e éd.
Nouveaux essais sur l'art

A. Cresson.
La morale de Kant 2e éd.
Malaise de la pensée philos.
Philosophie naturaliste.

J. Novicow.
L'avenir de la race blanche.

G. Milhaud.
La certitude logique. 2e éd.
Le rationnel.

H. Lichtenberger.
Philos. de Nietzsche. 10e édit.
Frag. et aphor. de Nietzsche.

G. Renard.
Le régime socialiste. 5e édit.

C. Jp-Lourié.
Pensée de Tolstoï. 2e édit.
Nouvelles pensées de Tolstoï.
La philosophie de Tolstoï.
La philos. sociale dans Ibsen.
Le bonheur et l'intelligence.

G.-L. Duprat.
Les causes sociales de la folie.
Le mensonge.

Tanon.
L'évolution du droit. 2e éd.

Brunschvicg.
Introd. à la vie de l'esprit. 2e éd.
L'idéalisme contemporain.

Mauxion.
L'éduc. par l'instruction 2e éd.
La moralité.

Fr. Paulhan.
La fonction de la mémoire
Psychologie de l'invention
Les phénomènes affectifs. 2e éd.
Analystes et esprits synthétiq.

Murisier.
Malad. du sentim. relig. 2e éd.

Fournière.
Essai sur l'individualisme.

Grasset.
Limites de la biologie. 5e éd.

Encausse
Occult. et Spiritual. 2e éd.

A. Landry
La responsabilité pénale.

Sully Prudhomme
Psychologie du Libre arbitre.

**Sully Prudhomme
et Ch. Richet**
Probl. des causes finales. 3e éd.

E. Goblot
Justice et Liberté. 2e éd.

W. James
La théorie de l'émotion. 2e éd.

J. Philippe.
L'image mentale.

M. Boucher
Essai sur l'hyperespace. 2e éd.

P. Sollier.
Les phénomènes d'autoscopie.
L'association en psychologie.

Roussel-Despierres
L'idéal esthétique.

J. Bourdeau.
Maîtres de la pensée contemp.
Socialistes et sociologues.

C.-A. Laisant.
L'éduc. fond. s. la science. 2e éd.

Romaine Paterson.
L'éternel conflit.

A. Réville.
Dogme de la divinité de J.-C.

M. Jaëll.
Mouvements artistiques.

A. Fouillée.
Propriété soc. e. démocratie.

A. Bayet.
La morale scientifique. 2e éd.

G. Geley.
L'être subconscient.

Philippe et Paul-Boncour
Anomalies ment. chez les écoliers.

Jankelevitch.
Nature et société.

Dumas
Le sourire.

Delvolvé.
Organis. de la consc. morale.

Souriau
La rêverie esthétique.

Lachelier
Fondement de l'induction.
Le syllogisme.

Proal.
Éducat. et suicide des enfants.

Lodge
La vie et la matière.

E. Rœhrich.
L'attention.

Rogues de Fursac.
Un mouvement mystique.

G. Bos
Psychol. de la croyance. 2e éd.
Pessimisme, féminisme, moralisme.

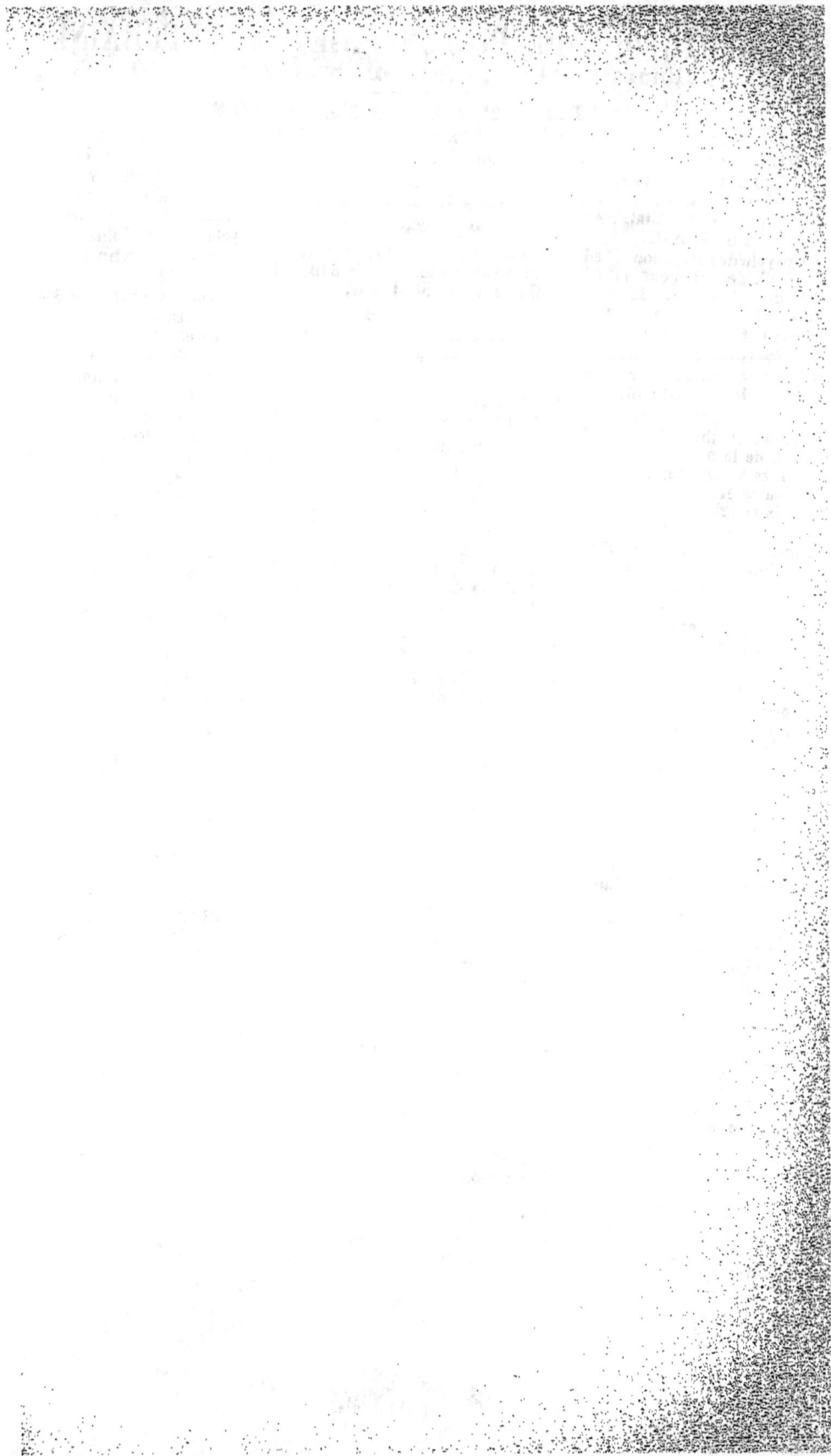

Cet ouvrage a été achevé d'imprimer
Dépôt légal :

Imprimé en France